날마다 당신이 행복했으면 좋겠습니다.

조영주 올림

굳은살

굳은살

조영주 수필집

수필과비평사

| 시작하는 글 |

저는 사회복지공무원이자 수어통역사입니다. 생사의 갈림길에서 굳은 삶을 묵묵히 버텨내는 사람들을 바라보며 사회복지의 이야기를 우리네 이웃들의 평범한 일상으로 풀어내고 싶었습니다.

어린 내가 어른이 되기까지 많은 이들의 도움을 받았던 것처럼, 오늘 이 순간 도움이 필요한 누군가에게 나 또한 따스한 손을 내밀고 기댈 어깨를 내어주려 합니다.

한 사람이 나를 바라봐주는 것만으로 힘이 되었던 그 시절처럼, 나 역시 한 사람을 든든히 지켜봐 주는 그런 어른이 되고 싶습니다.

폭주하는 업무량과 다양한 민원으로 인해 복지의 길에서 잠시 멈춰선 동료 공무원이나 사회복지사가 있다면 이 글을 읽고 같은 길을 걷는, 동행이 있음을 기억했으면 합니다.

또한 장기화된 코로나로 몸과 마음이 지친 이들이 부족한 제 경험담으로 조금이나마 숨쉬기 수월했으면 하는 바람도 꾹꾹 눌러 담아 봅니다.

수년 간 컴퓨터 폴더에 차곡차곡 모아둔 글들이 2022년 복서원(福書院) 사회복지현장글쓰기 출간 과정을 수강하면서 빛을 보게 되었습니다. 봄부터 가을까지 다시 쓰고 고쳐 쓰기를 반복하면서 심적 고통을 겪었지만 초심(初心)을 회복하는 기쁨도 누리게 되었습니다.

이 글이 책으로 나올 수 있게 도와 주셨던 많은 분들을 기억합니다. 문해력이 부족한 저를 글밭으로 인도해 주신 박양근 교수님, 삽화에 재능을 기꺼이 기부해준 정도현 님, 복서원 인연으로 만난 신세민 멘토님, 27년을 변함없이 믿음의 동역자로 함께 걸어준 남편 김주태 님과 소중한 세 딸, 그리고 천국에

계신 엄마, 부산동교회 성도님들과 사랑하는 열림선교회 소속 농인 가족들에게 깊은 감사를 전합니다.

모든 분들이 내밀어 주신 위로의 손길을 잊지 않겠습니다. 사랑의 빚은 천천히 갚으면서 살겠습니다.

동행정복지센터와 구청 복지부서에는 오늘도 사연 많은 민원인들이 줄을 섭니다. 자식이 안 도와 준다고 하소연하는 백발의 할머니, 직장에서 쫓겨나 생계가 막막하다며 한숨짓는 가장, 집주인이 물세를 많이 받는다고 억울해 하는 세입자, 오늘 막 출소했다는 아저씨는 팔뚝의 문신을 훈장처럼 내보이며 으름장을 놓기도 합니다.

희귀난치성 질환을 앓고 있는 딸아이의 아버지는 매일 저녁이면 두 손 모아 자식의 건강을 위해 기도합니다. 장애 아들을 수발하는 팔순의 노모는 아들보다 하루만 더 살았으면 좋겠다는 소박한 욕심도 가져봅니다. 다리가 불편한 장애인 부부가 정성으로 키웠다며 수줍게 건네는 선인장 화분에는 소담한 감사 꽃이 피어 있습니다.

저는 복지가 행복했으면 좋겠습니다. 현장에서 복지를 실천하는 사회복지사가 행복했으면 좋겠습니다. 복지서비스를 제공받는 모든 이웃들이 행복했으면 참 좋겠습니다.

오늘도 '같이'가 소중한 '가치'가 되는 세상을 꿈꾸는 저는 대한민국 사회복지공무원입니다.

2022년

햇살 익은 노란 가을에

조영주

| 차례 |

3부

우리를 봅니다

4부

내일을 봅니다

1부
나를 봅니다

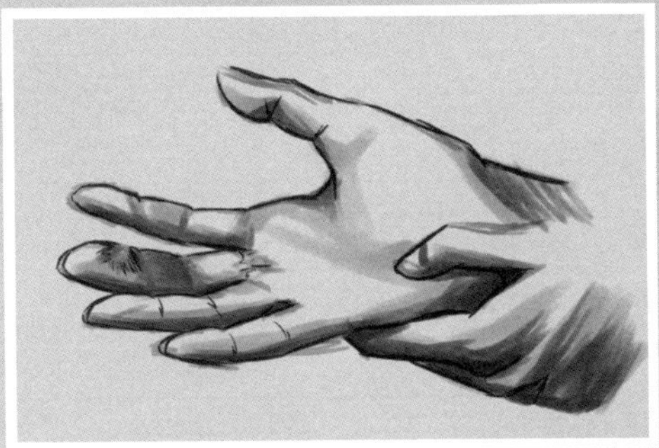

나이를 먹는다는 것은 덧댄 상처로 굳은살이 더 단단히 자리 잡는 것은 아닐까. 굳은살은 굳은 날을 준비하는 나름의 눈물겨운 훈련처럼 보였다. 순탄치 않을 미래를 온몸으로 예견하는 표지라는 생각이 들었다. 굳은살은 부드러운 생살에 객식구처럼 더부살이를 하지만 손과 발, 가슴 깊은 곳까지 군데군데 굳은살이 별처럼 박이는 게 인생인 듯했다. 몸에 배인 굳은살의 콤플렉스에서 벗어나기는 힘들었다.

- 〈굳은살〉 중에서

굳은살

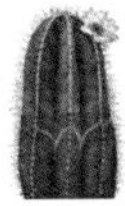

나는 손으로 세상과 소통하는 수어통역사다.

이것도 습관 때문이다. 가나다를 겨우 깨칠 무렵 아버지는 연필부터 야무지게 쥐는 방법을 어린 딸에게 가르쳤다. 노란 육각형 몸통에 지우개를 장착한 동아연필은 조그만 손으로 잡기에는 커다랗고 딱딱했다. 국민학교(지금의 초등학교) 때부터 오른손 중지에 굳은살이 박였다.

사춘기에는 울퉁불퉁하고 못생긴 오른손이 꽤 부끄러운 콤플렉스가 되었다. 어느 날, 연필을 깎던 칼로 굳은살을 베어내다가 선홍의 피를 보았다. 반듯한 글씨를 써보려고 애쓸수록 피부 살은 딱딱해졌다. 단순히 부드럽고 딱딱함의 차이가 아니다. 자주 사용하고 많이 사용하여 과부하가 걸리면 굳은살이 생기는 것이다.

운동화와 단화만 신던 십대 소녀가 대학생이 되었다. 치마 입을 일이 생기면서 하이힐을 신었다. 다리가 날씬해 보일 뿐 아니라 키까지 더 커 보이는 하이힐이 마음에 들었다. 구두 바닥이 얇고 쿠션감이 없어 발바닥과 발뒤꿈치에 물집이 잡혔다가 굳어지며 손의 굳은살처럼 딱딱해졌다. 뾰족 구두가 주는 혹독한 대가였다. 어느새 발바닥에도 제법 딱딱한 굳은살이 박였다.

어른이 되었다. 굳은살이 겉살에만 생기는 줄 알았는데 마음에도 박이기 시작했다. 멋모르고 뛰어든 사회생활에, 서툰 결혼생활과 시집살이에 가슴이 무너지고 찢어지는 상처길이 생겨났다. 생채기 난 가장자리가 굳어졌다. 생살을 덮는 굳은살이 삶의 진통이고 고통임을 조금씩 알게 되었다. 어느덧 가슴속에도 굳은살이 제 살마냥 떡하니 자리 잡아 버렸다.

나이를 먹는다는 것은 덧댄 상처로 굳은살이 더 단단히 자리 잡는 것은 아닐까. 굳은살은 굳은 날을 준비하는 나름의 눈물겨운 훈련처럼 보였다. 순탄치 않을 미래를 온몸으로 예견하는 표지라는 생각이 들었다. 굳은살은 부드러운 생살에 객식구처럼 더부살이를 하지만 손과 발, 가슴 깊은 곳까지 군데군데 굳은살이 별처럼 박이는 게 인생인 듯했다. 몸에 배인 굳은살의 콤플렉스에서 벗어나기는 힘들었다.

1990년부터 수어를 배우기 시작했다. 어느덧 30년이 지났다. 사람 사는 곳이면 어디든 표현의 수고로움이 필요하기 마련이다. 매주일 예배시간마다 농인 성도들을 위해 교회에서 수어 통역을 한다. 방송 통역이나 강의를 의뢰받을 때도 있고, 늦은 밤 경찰서에 불려 나가 이런저런 사연을 수어로 통역하기도 한다. 그때마다 열 손가락과 두 손바닥이 부지런히 수화 언어를 그린다.

농인들은 언어를 그림으로 기억하는 특별한 존재들이다. 그들이 보여주는 손말 언어는 단순한 동작이 아니라 세상 어떤 표현보다 간절함이 배인 언어다. 예쁘고 정확하게 손그림을 그려야 상대방에게 제대로 전달된다는 걸 누구보다 잘 안다. 농인들과 함께하면서 수어의 매력에 푹 빠져 표현 방법을 함께 고민하고, 대체언어를 함께 의논한다. 손가락 하나하나의 요긴함도 깨닫게 되었다.

양손에는 다섯 개의 손가락이 달려 있다. 대부분의 사람들에겐 그냥 손가락이지만 농인들에게는 다섯 손가락이 각각의 의미를 담고 있다. 엄지는 최고나 남자를 뜻하는 든든한 손가락이다. 검지는 너와 나와 사물을 가리키는 중요한 지시어다. 중지와 약지는 다른 손가락의 도우미 역할을 자처한다. 산이나 형제, 숫자들을 표현할 때 남은 손가락을 도와 준다. 새끼손가락은 약속의 의미나 막내, 꼴찌의 뜻으로 사용된다. 손가락 하나하나가 모두 제 역할을 충실히 할 때 비로소 완전한 시각언어가 된다.

직지(直指)라는 말이 있다. 가리키는 것이 순수하고 정직해야 한다는 말이다. 하지만 농인들이 보기에도 부끄럽고 헛갈

리게 하는 손동작이 적지 않다. 정치인들은 대중의 표심을 잡기 위해 제 손을 사용한다. 작가에게 손은 글을 창작하는 도구지만 게을리하는 사람들도 있다. 누군가에게는 남을 속이고 속는 수단이 되기도 한다. 이처럼 손이 제 역할을 못하는 것은 정작 손 주인 탓이다.

뱃속에 열 달을 품고 있던 첫아기가 세상에 나왔을 때였다. 작고 연약한 손가락을 '툭' 하고 건드려 보았다. 조그만 손가락과 더 조그만 열 개의 손마디가 생명으로 꿈틀거렸다. 왈칵 눈물이 쏟아졌다. 가늘고 여린 아가의 손이 말을 걸고 있었다. 몸속 깊이 자리한 혈관이 요동치며 전율했다. 손가락에 기쁨과 슬픔이 공존한다고 느낀 첫 경험이었다.

농인(聾人)에게 손은 청인(聽人)의 입과 같다. 입모양이 다르듯이 농인 친구들의 손가락도 제각각이다. 길고 하얀 손, 짧고 투박한 손, 검고 주름진 손이 있지만 힘들게 살다 보니 굳은살이 두껍게 박인 손도 적지 않다. 그들의 손에 각자의 인생이 담긴다. 그들 손을 볼 때마다 굳은살은 묵묵히 버티고 살아온 굳은 삶의 흔적이라 여겨진다.

수어를 하면서 내 손은 더욱 부지런하고 쓸모 있게 되었다. 오늘도 나는 굳은살이 박인 손으로 문서를 작성하고 아이들 밥을 챙겨준다. 농인들을 위해 눈으로 듣고 손으로 전달하는 수어 노동은 아무리 해도 굳은살이 배기지 않는다. 하지만 그들의 아픈 사연을 듣다 보면 명치에 가슴 아픈 굳은살이 박인다.

이번 주말에는 손 팩(Hand Pack)이나 몇 통 사서 함께 수어 공부하는 농인들의 손 하나하나에 붙여줄까 행복한 고민에 빠져본다.

나는 손으로 세상과 소통하는 수어통역사다.

나의 이름

빛나는 그 이름을 지키기 위해
오늘도 나는 치열하게 살고 있다.

조(趙). 영(瑛). 주(珠).

엄마 태(胎) 속에 있을 때부터 정해진 내 이름이다. 아빠는 아들, 딸에 상관없이 첫아이 이름을 이미 '영주'로 정해 두었다. 엄마는 가부장적 남편의 권위에 눌려 자식 이름은 으레

시부모님이나 남편이 정하는 줄 알았다고 회고했다. 이제는 작명(作名)해 준 부친이 안 계시니 물어볼 수도 없는 노릇이다.

나는 영도에서 태어나 바닷가와 산동네를 번갈아 살았다. 산복도로 대로변에 살 때의 일이다. 산동네 언덕배기에 살던 친구들 중에 '영주'라는 이름은 나 하나밖에 없었다. 천둥벌거숭이처럼 온 동네를 돌아다니던 시절이라 남자나 여자에 대한 개념도 없던 시절이었다. 아무 집에나 들어가 허기를 채우고, 저녁이면 까마귀처럼 흩어져 제 집으로 돌아가곤 했다.

까만 교복에 하얀 손수건을 당당히 붙이고 국민학교(지금의 초등학교)에 입학하던 날이었다. 여러 동네 아이들이 모인 학교에는 '영주'라는 이름의 남자애가 몇 명 있었다. 그제야 나는 내 이름이 여성스런 이름이 아님을 알았다.

1983년 교복자율화가 시행되기 전까지 학생이면 누구나 교복에 모든 사람들이 볼 수 있도록 이름표를 붙이고 다녔다. 검정색 바탕에 하얀 칼라의 교복, 노란색 이름표는 사람들의 눈에 띄기에 충분한 색감의 대비였다.

길을 가다 마주친 까까머리 남학생의 가슴팍에서 영주라는 이름을 발견하는 게 몹시 불편했고, 때로는 친구들의 놀림거리가 되기도 했다. “영주야 인사해. 저기도 영주네.” 키득키득, 까르르르. 돌 굴러가는 모습만 봐도 웃음이 터지는 사춘기 여학생들에게 한참이나 놀림감이 되었다.

중학교 1학년 때 이사를 했다. 영도를 지키는 신(神)인 ‘영도할매’를 피해 문현동이라는 곳에서 새로운 생활을 시작했다. 학기 중 전학은 학교 배정 방식이 달랐다. 그 시절엔 추첨제로 중학교를 배정받았는데, 중간에 전학을 하는 학생들은 부모님들이 한자리에 모여 활쏘기를 했다. “준비하시고 쏘세요.” 복권 당첨도 아니건만 부모님들은 가슴을 벌벌거리며 자녀의 미래가 걸린 학교를 맞추려 애썼다.

엄마는 앞줄에 선 또래의 아주머니가 힘껏 활시위를 당겨 M 여자중학교에 턱하니 맞히는 걸 보고 정성을 다해 활을 당겼다. 엄마의 화살은 아쉽게도 원하던 중학교를 스쳐 지나 K 여자중학교라는 낯선 학교에 꽂혔다. 엄마는 3년 내내 만원버스에 시달릴 어린 딸에게 미안해하며 자신의 손을 원망했다. 나는 매일 시내버스를 타고 문현동에서 광안리까지 통학을 해야 했다.

여름장마가 시작되었다. 시내버스 42번은 배차 간격이 길 뿐 아니라 빙빙 둘러가는 탓에 선호하지 않았다. 그날따라 83번, 108번, 40번 버스까지 제시간에 오지 않았다. 버스정류장에서 발만 동동 굴리던 나는 내키지 않는 42번 버스에 몸을 실었다.

꿀렁이는 버스 안에서 몇몇은 운이 좋아 자리를 차지했지만 대부분은 버스 손잡이에 매달려 버스가 모퉁이를 돌 때마다 원심력을 이기지 못해 휘청거려야 했다. 광안리 해수욕장 사거리만 돌면 학교 앞 버스정류장이다. 다들 조금이라도 빨리 내리려고 어수선한 그 때였다. 나는 학생들의 과격한 움직임에 미끄러운 버스 바닥으로 주르륵 밀려났다. 미처 손쓸 틈도 없이 멀대 같은 남학생의 가슴팍에 처박히듯 안기고 말았다. 어린 마음에 버스 밑으로 사라지고 싶은 부끄러움이 전신을 엄습했다.

버스 안에 수십 개의 눈들이 흥미진진하게 상황을 관망하고 있었다. 따가운 시선에 나는 눈을 질끈 감았다. 상대편 남학생도 당황했을 텐데 휘청거리는 나를 붙들어 세워 주며 괜찮으냐고 물어주었다. 살포시 눈을 떴다. 정확하게 내 눈앞에 다가온 것은 남학생의 교복 왼쪽 가슴을 차지한 노란 이름표였다. 조. 영. 주. 한 글자도 다르지 않는 내 이름이었다. 상대편 남학생도 내 명찰을 보고 적지 않게 놀라는 눈치였다.

고맙다는 말을 고구마 넘기듯 답답하게 눌러 삼키고는 버스에서 내려 뛰었다. 내가 그렇게 잘 달리는 줄 처음 알았다. 가슴이 터지도록 달리고 달려 학교 운동장에 들어섰다. 짧은 인생에 김영주, 박영주, 이영주, 많은 영주를 만났지만 조영주는 처음이었다. 그것도 남자 조영주라니.

집에 가서 엄마를 붙들고 개명시켜 달라고 꺼억꺼억 밤새워 울었다. 그 후론 두 번 다시 42번을 타지 않았다. 다행히 졸업할 때까지 조영주라는 이름의 그 남학생을 만날 일도 없었다.

고등학교 때, 한문으로 학생들의 이름 골리기를 좋아하던 선생님이 계셨다. 고전문학 시간에 뜬금없이 학생들 이름 한자(漢字)를 물어보던 선생님은 광채 영(瑛)에 구슬 주(珠)라고 답하는 내게 구슬이 무슨 빛을 내냐며 60명이 넘는 친구들 앞에서 놀렸다. 나는 즉시 대답했다. 구슬이 아니라 여의주라고. 교실은 한바탕 웃음바다가 되었고 선생님은 웃으며 뿌루퉁한 내게 건성으로 사과했다. 그 후로 내 별명은 '여의주'가 되었다.

용의 턱 아래에 있는 영묘한 구슬. 나는 무엇이든 뜻하는 대로 만들어낸다는 신비한 여의주가 되지는 못했지만 하루하루 나름의 역사를 채워가고 있다.

지금도 포털사이트에 조영주라는 이름을 검색하면 의사, 방송인, 기업인, 교육가라는 타이틀을 단 수많은 영주들이 앞다투어 뜬다.

빛나는 그 이름을 지키기 위해 오늘도 나는 치열하게 살고 있다.

수학사춘기

찬란하고 빛나던 수학 공식의 향연들이 다시 보고 싶다.

1984년. 노오란 개나리가 흐드러지게 피던 3월이었다.

이제 막 여고생이 된 나는 수학을 그렇게 만났다. 교실 문을 열고 구부정하게 들어선 수학의 첫인상은 지루하리만치 평범했다. 흰색 재킷은 몇 해를 입었는지 아이보리색에 가깝게 변색되었고 소매는 낡아 반질거렸다. 검정 바지는 다림질이 덜

되어 후줄근해 보였고, 교사용 검정 슬리퍼 사이로 튀어나온 엄지발가락은 골지 무늬의 회색 양말이 부끄러운 듯 꼼지락거리고 있었다.

자기 소개를 마친 평범한 '수학'이 마침내 등을 돌리고 판서를 시작했을 때 내 눈은 어느새 녹색 칠판으로 빨려들고 있었다. 그가 그린 직각삼각형의 세 변은 우아했으며, 가늘고 기다란 그의 손가락은 아름답게 a, b, c를 수놓아 피타고라스 정리를 완성하고 있었다.

평생 그토록 아름다운 알파벳을 본 적이 없었다. 하얀 분필은 수학의 지휘를 따라 초록 바탕을 수놓으며 자유로운 공식의 미학을 그려내고 있었다. 수업은 꿈같이 흘러갔고 나는 수학의 고결한 손가락을 사모하게 되었다.

당시에도 '덕질'이란 게 있어서 좋아하는 선생님께 여고생들은 각종 조공을 해대곤 했다. 음료수, 간식, 꽃, 손수건, 책을 사느라 용돈은 매일 바닥났다. 나 역시 매번 책상에 음료수를 바꿔가며 수학시간을 손꼽아 기다렸다. 열심히 판서하는 수학의 가늘고 하얀 손가락이 마냥 좋았다. 목소리도 다정다감했고 나긋나긋했다. 마른 체형이었던 수학은 십대 소녀의 감성을 건드리기에 충분한 매력을 가지고 있었다. 수학은 매시간 정돈되지 못한 옷차림으로 여린 감성을 자극했고, 가늘고 하이얀 손가락은 수업시간마다 나를 상상의 나래로 인도하곤 했다.

4월 1일. 만우절. 만우절은 십대 소녀들에게 축복의 날이다.

다소 짓궂고 무례한 장난이 벌어져도 대부분의 선생님은 웃으면서 넘어가 주는, 거짓말이 용인되는 그런 날이기 때문이다.

1학년 1반이었던 나와 친구들은 2학년 1반 선배님들의 빛난 아이디어와 강압으로 수학시간에 반을 바꾸어야 했다. 수학은 2학년 수업도 들어오고 있었는데, 눈치 없는 그는 반이 뒤바뀐 것도 모르고 충실히 판서를 해댔다. 미적분의 미도 모르는 우리는 50분 내내 벌 수업을 참아내느라 식은땀을 흘렸다.

나는 적분 기호의 아름다움에 빠진 채 맨 앞자리에서 수학의 손가락만 뚫어지게 쳐다보고 있었다. 수학은 무엇에 홀린 듯 책상에 놓인 캔 음료를 땄고, 탄산음료는 전면을 향해 방사되었다. 누군가 수학이 판서하는 틈을 노려 캔을 흔들어 놓았던 것이다. 똑똑한 수학은 정확히 우리들을 향해 캔 뚜껑을 땄고, 탄산은 앞자리에서 멍때리던 내 정신을 현실로 돌아오게 했다. 탄산을 덮어쓴 내 몰골을 본 수학은 얼결에 체크무늬 손수건을 꾸깃꾸깃 건네주었다. 나는 탄산으로 얼룩진 옷보다 남자 선생의 손수건에 온통 마음을 빼앗겼다.

여느 때 같으면 집에 가자마자 쓰러져 잠들었을 나는 엄마의 설거지가 끝나기만을 기다리며 주변을 서성거렸다.

"안 자고 뭐하노?" 엄마가 물었다.

"엄마, 다림질은 어떻게 하는 거야?" 다림질이라고는 해본 적이 없는 나는 사각 반듯하게 손수건을 다리고픈 욕심에 엄마에게 물었다.

"뭐 다릴라고? 인내라, 엄마가 다려주께."

"아니야. 친구한테 손수건 빌렸는데, 내가 다려야 해." 어설픈 거짓말에 엄마는 피식 웃으며 다림질대를 말없이 펴 주었다.

"보래이. 다리미에 손바닥을 얹어보고 열기가 들어오면 이렇게 다리면 된다." 엄마는 허공에 대고 다림질 시범을 보여

주셨다.

생각보다 다림질이 쉽지는 않았지만, 땀을 뻘뻘 흘리면서 한 시간 내내 손수건을 다리고 또 다렸다. 손수건이 네모반듯하게 예쁘게 접히는 모습에 흐뭇해하면서.

다음 날 나는 책상에 음료수와 손수건을 정성껏 올려두고 수학을 기다렸으나, 수학은 별다른 반응 없이 손수건을 힐끗 보고는 바지 속에 욱여넣었다. 같은 반 친구들은 한마음으로 응원했다.

"선생님, 영주가 질문이 있대요." "선생님, 영주가 오늘 기운이 없대요." 구르는 돌만 봐도 배꼽 잡을 여린 감성의 십대들은 수학을 번번이 곤란하게 했고, 소녀의 이름을 수학시간마다 연호했다. 수학은 짐짓 못 들은 척했으나, 복도에서 스칠 때면 내 이름을 불러주어 가끔씩 마음을 일렁이게 했다.

스승의 날에 되었다. 나는 마음으로 큰 결심을 했다.

수학을 위해 부모님께 거짓말을 하기로 한 것이다. 수학참고서와 영어참고서를 학교에서 사오랬다고 부모님께 참고서 비용을 받아서 교사용 슬리퍼를 샀다.

동네 신발가게란 신발가게는 다 뒤져서 네이비 컬러의 이백육십 밀리 남성 슬리퍼를 구입한 나는 수업시간에 친구들의 환호를 받으며 신발을 전달했고, 수학은 기꺼이 낡은 슬리퍼 대신 네이비색 새 슬리퍼를 신어 주었다. 나는 수학시간 내내 수업은 안하고 슬리퍼만 바라보며 뿌듯해했다.

여름방학이 끝나고 가을 학기가 시작되던 어느 날, 수학은 소녀들에게 물었다.

"너희들은 어느 과목을 열심히 하니?" 소녀들은 이구동성으로 대답했다.

"좋아하는 선생님 과목이요."

수학은 중얼거리듯 다시 말했다.

"이상하네. 근데, 영주는 왜 수학을 못하지?"

같은 반 친구들은 배꼽을 잡고 까르르 웃기 시작했고, 혼자만 웃지 못한 내 얼굴은 시월의 단풍처럼 붉게 타올랐다.

나는 밤새 울었다. 눈이 퉁퉁 붓도록 울고 또 울었다. 수학을 못하는 자신이 한심해 울었고, 참고서랑 저금통이랑 맞바꾼 조공품이 아까워 또 울었다. 이럴 줄 알았으면 슬리퍼는 사지 말았어야 했다. 부모님에게 거짓말까지 하면서 조공하지는 말았어야 했다.

밤새 뒤척이던 나는 다음날로 수학 덕후에서 수학 포기자가 되었다.

수학은 계속에서 나를 향해 온화한 미소를 날렸지만, 여린 사춘기 끝에 마음을 다친 십대 소녀의 마음을 돌이키지 못했다.

나의 수학사춘기는 저무는 가을과 함께 짧게 끝이 났지만, 가끔 TV에서 남자배우의 기다란 손가락을 볼 때면 칠판을 아름답게 수놓았던 수학의 길고 하얀 손가락이 그리워진다. 찬란하고 빛나던 수학 공식의 향연들이 다시 보고 싶다.

노란 주전자

노란 주전자에 노란 막걸리 한 잔이 그리워지는
쓸쓸한 밝은 밤이다.

나는 평소 순위를 가리는 프로그램을 좋아하지 않는다. 그러나 그 해는 달랐다. '미스터 트롯'이라는 경연 프로에 빠져 함께 울고 함께 웃으며 트로트의 매력에 빠져들었다. 영웅 씨가 우승할 걸 뻔히 알면서도 영탁 씨를 응원하게 된 것은 순전히

〈막걸리 한 잔〉이라는 노래 때문이었다.

"고사리 손으로 따라 주는 막걸리 한 잔, 아버지 생각나네." 애절한 목소리로 울부짖듯 노래하던 〈막걸리 한 잔〉은 고사리손으로 막걸리를 따라 드리던 어릴 적 내 모습과 투박한 손으로 막걸리 한 사발을 시원하게 들이켜시던 아버지를 떠올리게 하기에 충분했다.

국민학교(지금의 초등학교) 저학년이었던 1970년 중반이었다. 아버지는 목수였다. 힘든 노동일을 하면서 네 식구의 생계를 온전히 책임져야 하는 가난한 가장이었다. 해 질 무렵, 동네 입구부터 아버지의 흥겨운 노래 가락이 들려온다. "월남에서 돌아온 새까만 김 상사, 이제사 돌아왔네~."

평소 내성적인 아버지는 술만 드시면 어디서 그런 용기가 나는지 온 동네가 떠나가도록 목청을 돋우었다. 저녁을 짓던 어머니는 젖은 손을 닦지도 못하고 부리나케 아버지 배웅을 나갔다. 150센티미터도 안 되는 가녀린 몸으로 180센티미터가 넘는 장정을 용케도 집안으로 들이곤 했다. 산복도로 길가에 위치한 우리 집은 대문을 열고 열 계단쯤 밟고 내려가야 방이 있는 그런 구조였다. 술 취한 아버지가 한 번도 계단을 헛디디지 않은 것은 오로지 어머니의 발 빠른 마중 덕분이었다.

아버지는 여름이면 쉬는 날이 많았다. 일거리가 없는 초저녁이면 어린 딸들을 불러 막걸리 심부름을 종종 시켰다. 2리터들이 노란색 양은 주전자를 조막만 한 내 손에 쥐여주며 막걸리 한 되만 사오라고 아버지는 단단히 일러주었다.

두 딸은 남은 돈으로 얼음과자라도 사 먹을 생각에 고분고분 주전자를 받아들었다. 산복도로에서 아랫동네 시장까지는 꽤 먼 거리였다. 서로 어린 손을 붙잡고 비탈진 골목을 달리고 달려 시장 입구에 있는 막걸리 집에 도착한다. 막걸리가게 상호는 잊었지만, 흰색 선팅지에 무심한 필체로 '막걸리'라고 적힌 검푸른 글씨는 지금도 기억이 난다.

단골가게 주인 아주머니는 반갑게 우리를 맞이해 주었다.

"아부지가 막걸리 받아오라 카드나? 한 되면 되긋재?"

맏딸인 나는 야무지게 잔돈을 받아 챙기고 동생 손을 붙들고 다시 오르막 산복도로를 깡충깡충 뛰어올랐다. 황금빛 저녁노을이 우리의 등 뒤를 졸졸 따르며 따스하게 보듬어 주었다.

술상이라고 해봐야 김치와 두부 반 모뿐인 소박한 상차림이지만, 아버지의 급한 성격을 아는 어머니는 후다닥 술상을 차려놓고 큰길에서 딸들을 애타게 기다렸다.

숫기 없던 아버지는 술 한 잔이 들어가야 자기 감정을 표현하는 그런 분이었다. 고사리손으로 따라주는 딸들의 막걸리 한 잔에 한껏 기분이 좋아져 동전 몇 개를 용돈으로 나눠주었다. 나와 동생은 신이 나서 구멍가게로 달려가고 그렇게 또 하루가 지나갔다. 가난했지만 함께였고 행복했던 시간이었다.

어느 날이던가. 그 날도 막걸리 심부름을 다녀오던 길이었다. 똘똘한 동생이 나를 꼬드겼다.

"언냐, 아부지는 막걸리가 그리도 맛나는가? 함 묵어 보까?"

호기심이 가득한 꼬맹이 둘은 누가 볼세라 남의 집 담벼락에 붙어 주전자 입구에 새부리 같은 조그만 입을 가져다 댔다. 막걸리는 생각보다 달았다.

달짝지근한 맛에 홀린 나는 동생과 막걸리를 번갈아 가며 홀짝거렸다. 주전자 속 막걸리는 어느새 줄어들었다. 주당 아버지를 둔 딸들답게 우리는 용감했다. 알딸딸한 기분에 갈지자를 그리며 춤을 추듯 집으로 돌아왔다. 아버지는 코가 빨간 딸들을 보았지만 나무라지 않았다. 술은 어른에게 배우는 거라며 막걸리 사발에 한 잔씩 막걸리를 따라주기까지 하셨다. 숨어서 홀짝이던 술은 달았는데, 아버지가 따라준 막걸리는 쓰기만 할 뿐 맛이 없었다.

몇 해 전에 지인들과 전주 한옥마을에 놀러 갔다. 전주시 삼천동에는 유명한 막걸리골목이 있다. 막걸리 3병이 한 주전자로, 한 주전자만 시키면 기본으로 열 가지 안주가 공짜로 나왔다. 안주 종류도 다양했고 맛도 그럭저럭 먹을 만했다. 가게에 줄줄이 걸린 전시용 양은 주전자들을 보니 어린 날 내 아버지가 또다시 생각났다.

아버지는 장사하는 집안의 장남이었다. 혼기가 차도록 취직할 생각도 없이 한량(閑良)처럼 지냈다. 막상 결혼을 하고 보니 가장의 무게는 만만치 않았다. 어찌어찌 목수의 기술을 배워 목수반장으로 건축현장을 다녔다. 벌이는 불안정했지만 얄팍한 자존심에 아내를 생활전선에 내보내지는 않았다. 그저 집안 살림에, 딸들을 고이 키우기만 바랐을 뿐이다.

이제 내가 그 시절 아버지의 나이를 훌쩍 넘고 보니 육체노동에 지쳐 막걸리 한 잔으로 스스로를 위안하던 중년의 한 남자가 가슴에 와 '쿵' 하고 박힌다. 웃을 수 없는 상황에도 그가 웃을 수 있었던 건, 참새마냥 입 벌리고 애타게 애비만 기다리는 어린 새끼들이 있었기 때문이리라.

우리 집에는 양은 주전자가 없다. 보리차를 끓이기 위한 튼튼한 스테인리스 주전자가 있을 뿐이다. 주말에 시장에 가서 2리터짜리 양은 주전자나 하나 사볼까 싶다. 술을 즐겨하지 않지만, 노란 주전자에 노란 막걸리 한 잔이 그리워지는 쓸쓸한 밝은 밤이다.

막둥이

아이들은 건강하게 자란다. 조금만 여유롭게
기다릴 수 있다면 말이다.

새천년맞이로 왁자지껄하던 그해 겨울이었다. 2001년에 태어나야 할 막둥이가 성급하게 세상에 나왔다. 수술실에서 잠시 정신을 차린 내게 간호사는 미안해하며 '딸'이라고 나지막이 일러 주었다. 나는 아이의 건강 상태만 묻고 다시 무의식의 나락으로 떨어졌다. 딸 셋을 내리 낳고도 담담하게 신생아의 건강을 묻는 특이한 산모로 인해 분만실은 한참 동안이나 이야기꽃을 피웠다고 나중에 담당 간호사가 전해 주었다.

직장에 다니며 딸 둘을 벅차게 키우던 내게 시아버님은 셋째만 낳아주면 더는 손주 욕심을 부리지 않겠노라 사정했다. 당신 역시 딸 셋을 낳은 후에야 아들 하나를 어렵사리 두었으면서도 사내아이에 대한 욕심을 버리지 못하셨다. 치매와 노환으로 요양병원에서 생사의 갈림길에 있을 때에도 딸들 얼굴은 까맣게 잊어버려도 아들 얼굴만은 기억하시던 분이었다.

제왕절개로 두 딸을 출산한 내게 의사는 셋째까지는 무리라고 만류했다. 다음번에 질병으로 개복(開腹)할 일이 있으면 위험해진다는 협박어린 조언도 서슴지 않았다. 나는 칠순이 가까운 어르신을, 아들의 아들만 기다리는 아버님의 바람을 끝내 거절하지 못하고 결국은 막둥이를 임신하고야 말았다.

아버님의 속내는 오직 아들손주뿐이었다. 임신 소식을 알렸을 때 아버님은 얼굴 가득 미소를 지으시며, 길(吉)하다는 사내 이름은 죄다 적어놓고 애타게 손자의 출산을 기다렸다.

삼십대 중반의 나이에 어린아이 둘을 키우면서 또 한 번의 임신은 힘겨웠다. 심한 입덧에 장거리 출퇴근까지 병행하느라 살이 빠졌고, 흔들리는 버스 때문에 몇 번이나 도중 하차를 했다. 설상가상으로 임신 5개월에 진행한 기형아 검사에서 장애아를 낳을지도 모른다는 의사의 청천벽력 같은 선고를 들어야 했다. 양가 부모님께는 말도 꺼내지 못했다. 밤새워 울었지만 뾰족한 수는 없었다. 누나 셋에 막내로 자라 철없게만 보이던 신랑은 생각보다 단단한 사람이었다. 일주일을 밥도 제대로 먹지 않고 고민하던 남편이 말했다. 이 시대에 장애인을 맡길 가정이 우리라면 하나님의 은혜로 잘 키워 보자고. 삼십 년 가까이 살아오면서 그 순간 남편의 모습이 가장 멋지고 듬직했다.

의사는 장애아를 유산할 수 있음을 넌지시 내비쳤지만 우리 부부는 아이를 낳겠다는 결심을 바꾸지 않았다. 남은 다섯 달을 매일같이 간절히 기도했다. 주시는 대로 잘 키워보겠노라고. 혹여 건강한 아이를 주시면 봉사하는 아이로 잘 양육하겠다는 서원기도도 빠뜨리지 않았다. 우리에게 이미 아들, 딸은 의미가 없었다.

막둥이는 어릴 때 친구들로부터 놀림을 받았다. 밧구레가 작아 음식을 조금씩밖에 섭취하지 못했고, 또래보다 깡마르고 새까맸다. 밥을 먹으면 배만 볼록할 뿐 팔다리에는 좀처럼 살이 붙지 않았다. 언니들 뒤만 졸졸 따르던 막둥이는 언젠가부터 생존 능력을 갖게 되었고, 언니들 틈바구니에서 드디어 제 밥그릇을 챙기기 시작했다. 살도 제법 올라 사람 형색을 갖추게 되었다.

아이는 무럭무럭 자라 초등학교에 입학했다. 같은 학교에 다니는 언니들의 든든한 백업을 받아가며 잘 지내는 듯했다. 갱년기와 맞먹는 사춘기가 오기까지는.

언니들처럼 공부를 잘하지는 못했지만 여느 또래들처럼 평범하게 M 여고에 입학했다. 여중에서도 친구들만 졸졸 따라다니며 이동 수업을 하던 막둥이는 막상 고등학교에 가자 심한 외로움에 빠졌다. 바람막이 언니들과 친한 친구들로부터 떨어진 낯선 환경에 적응하지 못했다.

1학년을 겨우 마치고는 제 친구가 다니는 실업계로 전학을 가겠노라며 폭탄선언을 했다. 아무리 어르고 달래어도 인문계 고교는 싫다고 고집을 부렸다. 자신은 공부도 못하니 대학도 가지 않겠다고 했다. 2학년 진급 예정인 상태로 전학할 고등학교는 쉽게 구해지지 않았다. 아이 셋을 키우면서 난생처음으로 담임 선생님의 호출을 받았다. M 여고 2기 졸업생인 나는 삼십삼 년 만에 처음으로 모교의 상담실로 불려갔다.

50대 중반의 여선생은 깐깐한 얼굴로 뜨개질을 하고 있었다. 나는 여고시절로 돌아가 선생님 앞에 꾸중을 기다리는 학생마냥 얌전히 앉았다. 그녀의 하소연은 시작되었다. 요즘 애들 가르치기가 너무 힘들다, 아이가 반 분위기를 흐린다, 공부할 생각이 없으면 차라리 전학을 고려해 봐라…. 얼핏 들으면 정의로운 교사 같으나 내 눈에는 학생에 대한 배려가 전혀 없는 냉엄한 직업인의 모습만 보였다.

가르치는 이의 고충을 충분히 이해한다고 공감을 표했다. 매일 민원에 시달리는 복지공무원의 신분을 밝히면서. 학생을 하나하나 보살피기가 얼마나 힘들겠냐고 그녀를 위로했다. 아이가 사춘기라는 힘든 시기를 잘 보내고 나서 건강한 사회구성원이 되면 그건 다 선생님 덕분이라고 치켜세웠다. 선생은 엄마를 봐서 한 학기만 더 참아주겠다며 생색을 냈다.

전학을 고집하던 막둥이는 학기 중 전학이 쉽지 않은 현실과 아름아름 생긴 친구들로 인해 마음을 고쳐먹었다. 나는 맘고생한 아이가 안쓰러워 한바탕 눈물을 쏟았다.

막둥이가 무사히 고교를 졸업하던 날. 3학년 담임이었던 여선생님은 나를 반갑게 맞아주었다. 밝은 성격의 우리 아이로 인해 한 해가 너무 즐겁고 행복했다며 헤어짐을 못내 아쉬워했다. 그 말이 진심이든 인사치레든 나는 상관없었다. 모교의 상처와 아픔이 말갛게 씻기는 순간이었다.

막둥이는 사춘기를 잘 버텨내고 현재는 엄마와 같은 길을 걷기 위해 사회복지를 공부하고 있다. 아동복지기관에서 일하고 싶다는 다부진 꿈도 있다. 언니들과 수다로 작은방에서는 웃음이 끊이지 않는다.

아이들은 건강하게 자란다. 우리가 조금만 기다릴 수 있다면 말이다.

검정 봉다리

어머님은 검정 봉다리의 비밀을 아셨을까.

"봉투값 50원 추가됩니다."

상가에 내려가서 아이스크림 한 통을 샀다. 가게 주인은 친절하게 봉투가 필요한지 내게 물었다. 달라고 했다. 비닐봉지는 유상판매라며 50원을 추가로 요구했다.

요즈음은 생필품 하나를 사도 봉투값을 별도로 지불해야

하는 시대다. 환경을 생각하는 마음이야 수백 번도 이해하지만 꼬박꼬박 50원씩 챙기는 상점 주인이 얄밉기까지 하다.

시원한 아이스크림을 담은 검정봉지를 흔들며 아파트 엘리베이터에 오른다. '예전에는 검정봉지 진짜로 많이 썼는데…' 무심한 잡념 하나 뇌리를 스친다.

1995년에 결혼했으니 올해로 27년차 주부다. 살림의 달인은 아니지만 무탈하게 딸아이 셋을 키워냈다. 지금이야 슈퍼나 대형마트, 백화점이 일반화되었지만, 그 시절에는 동네 구멍가게나 재래시장이 대세였다.

작고하신 시어머님은 재래시장 맹신자였다. 마트는 비싸니 무조건 큰 시장을 가야 한다고 고집하셨다. 장보기에서도 나름의 철학을 지켰다. 생선은 자갈치시장, 채소는 부전시장에서 구입해야만 만족해 했다.

외며느리인 나는 명절마다 극심한 스트레스에 시달려야 했다. 사회복지공무원에게 명절을 앞둔 두어 주간은 눈코 뜰 새 없이 바쁜 시간이다. 이웃돕기 물품과 쌀을 후원받아야 한다. 플래카드를 걸고 후원자들을 모아 사진도 큼직하게 박아야 한다. 몸이 불편한 어르신 댁에, 경로당에, 쌀과 후원 물품을 빠짐없이 전달해야만 명절을 쉴 명분이 생긴다. 명절이 오기도 전에 나는 이미 몸살과 스트레스로 지쳐갔다.

기독교 집안이니 제사는 없었지만 그렇다고 집안일이 줄어든 건 아니었다. 명절음식과 제사음식의 차이는 마늘을 넣고 빼는 것밖에 없는 것 같다. 시누이 셋에 시누이 남편과 조카, 우리 집 식구까지 도합 이십여 명이 먹어치울 음식을 준비해야 했다. 좁은 재래식 부엌에 웅크리고 앉아 전을 부치고, 나물을 무치고, 생선을 굽는다.

어느 해부터인가 다리가 불편했던 어머님은 장보기까지 며느리에게 일임하셨다. 생선은 자갈치에서, 채소는 부전시장에서 사야 한다는 당부를 잊으시는 법이 없었다.

나는 곧장 부전시장에 가서 검정 봉다리 50개를 구입했다. 그러고는 대형마트로 갔다. 신선코너에 누운 생선은 정갈한 자태로 고객을 유혹했다. 야채코너에 가지런히 진열된 채소는 고운 빛깔로 단장하고 있었다. 나는 한 치의 망설임도 없이 마트에서 명절 장을 보고야 말았다.

시댁으로 가야 할 시간이 다가오고 있었다. 어머님의 성격을 잘 아는 남편은 불안해했다. 나는 그런 남편에서 검정 봉다리 한 뭉치를 건넸다.

"이게 뭐꼬?". 남편은 의아해하며 물었다.

"뭐기는, 어머님이 좋아하시는 재래시장용 검정 봉지지."

남편의 눈이 안경 너머 둥그레졌다.

"당신, 도대체 우짤라고?"

"여보, 나도 좀 살자. 나 너무 힘들어." 나의 푸념어린 하소연에 남편은 조용히 공범이 되었다.

우리 부부는 마트 직원이 정성껏 진공 포장한 팩을 다 뜯어내고 생선과 채소를 검정 봉다리로 조심스레 옮겨 담았다. 남은 찌꺼기는 쓰레기통으로 들어가고 명절 장보기는 완전범죄로 마무리되었다.

다음 날 나는 밝은 얼굴로 검정 봉다리 수십 개를 흔들며 시댁에 입성했다.

"아이고, 우리 며느리, 시장 다니느라 고생했재?" 어머님은 줄줄이 쏟아지는 검정 봉다리에 감동하셨다. 남편은 애꿎은 마당만 구둣발로 후벼파고 있었다.

"어머니, 자갈치에 생선물이 좋더라구요." 아, 이런 뻔뻔함이 라니. 내가 이렇게 연기력이 뛰어난 사람이었던가. 멋쩍음에 부리나케 부엌으로 들어가 장본 것들을 빨간 고무대야에 쏟아부었다.

그렇게 명절 스트레스가 조금씩 줄어들던 어느 해 추석이었다. 어머님이 부엌 쪽문을 열고 빠끔히 고개를 내미신다. 나는 짐짓 바쁜 척하며 빠르게 손을 놀린다.

"아가, 콩나물이 와 그리 깨끗하누?" 아뿔싸, 콩나물 대가리가 너무 정갈하게 다듬어져 있었다.

"어머니, 요즘은 시장도 좋아져서요. 부전시장 안쪽으로 쭉 들어가면 다듬은 콩나물도 팔아요." 천연덕스럽게 대답하는 내 입과는 달리 동공이 잠시 흔들렸다.

"그렇드나?" 별말 없이 쪽문을 닫으시던 어머님. 어쩌면 어머님은 콩나물 대가리라도 다듬어 주고 싶었는지도 모르겠다.

다리가 불편한 것 빼고는 정정하셨던 어머님은 난소암 1기에 걸린 이모님을 간병하러 K 대학교 병원에 갔다. 며칠 후, 이모님의 권유로 자궁암 검사를 받은 어머님의 결과는 난소암 3기였다. 간병하러 갔다가 간병 받아야 할 상황이 되었다. 상태가 악화되면서 급하게 입원치료가 시작되었다. 꽉 채운 일 년의 시간이었지만, 칠순도 넘기지 못한 짧은 인생이었다.

어머님은 생전에 떡을 무척이나 좋아하셨다. 냉동실에 보물단지처럼 떡을 얼려두고 입맛이 없으면 떡으로 식사를 대신하곤 했다. 어머님은 매번 떡을 권하셨지만 나는 떡을 별로 좋아하지 않았다.

나이 오십이 되니 떡이 그리 싫지도 않다. 자꾸 씹다 보면 고소하고 든든한 끈기가 밥을 대신할 수도 있겠다 싶다. 나는 이제 어머님의 떡 사랑을 이해할 수 있는 나이가 되었다.

아이스크림을 냉동실에 넣고는 검정 봉지를 곱게 접어 본다. 문득 궁금해진다. 어머님은 검정 봉다리의 비밀을 아셨을까.

아버지와 아들

아버지와 아들의 열 번째 여름은

이제는 천국의 약속이 되었다.

아버지는 그렇게 아들 곁을 떠났다.

내가 기억하는 시아버님은 자신에게 무척이나 엄격한 분이었다. 당뇨로 일생을 소식(小食)하시던 모습이 아직도 눈에 선하다. 잡곡밥 한 그릇에 김치와 나물, 방울토마토 두 알이 한

끼 식사의 전부였다. 아무리 진수성찬이 당신의 코앞에서 유혹해도, 아들네 집에서 모처럼 하던 저녁식사에도, 아버님은 자신이 정한 정량의 식사만 고집하던 분이었다.

식이요법만큼이나 철저하고 강직한 성격의 아버님은 자식들에게 늘 유언처럼 말씀하셨다.

"내가 치매나 암에 걸리면 나를 찾지 마라. 나는 자식들에게 짐이 되느니 차라리 산에 가서 스스로 무덤을 파고 죽겠다."

1남 3녀에 며느리, 사위까지 합치면 여덟이나 되는 성인 자녀들이 아버지의 서슬 퍼런 기운에 눌려 누구 하나 한마디 대꾸도 못했다. 아버님은 그렇듯 강인한 분이셨다.

그러나 흐르는 세월을 비껴가는 장사는 없었다. 총명하던 아버님은 팔순이 다가오면서 기억을 잃어가는 병을 얻었다.

'알츠하이머성 치매.'

죽어도 자식에게 짐이 되기 싫다던 노부(老父)의 고집은 가족들만 기억하는 유언이 되었다. 혹여, 길이라도 잃으실까, 어디 먼 곳이라도 가실까, 진짜로 집을 못 찾아오실까 전전긍긍

하던 자녀들은 눈물로 아버지를 요양병원에 입원시켜야 했다.

아버지의 치매는 남은 기억마저 왜곡시켰다. 팔십 평생을 지켜오던 식단조절능력은 쪼그라든 해마(뇌기억장치) 사이로 숨어버렸다.

어느 명절인가, 가족들과 함께 먹으려고 준비해 간 5인분의 식사를 혼자서 끌어안고 다 드시던 아버님. 허겁지겁 밥통을 뺏기지 않으려고 안간힘 쓰던 모습은 흡사 걸신(乞神) 같았다.

그런데 이상한 일이 생겼다. 당뇨수치 때문에 쌀밥 한 공기도 마음 편히 드시지 못한 분이었는데, 치매 발병 후에는 아무리 밥을 많이 먹어도 혈당수치가 올라가지 않았다. 아버님은 왜 평생을 배불리 먹지 못하고 그 고생을 하셨을까? 치매는 자신의 오랜 지병도 잊게 하는 슬픈 힘이 있었다.

아버님의 기억 속에 어두운 안개가 무겁게 내려앉아도, 아들 얼굴은 용케도 기억하셨다. 딸들 얼굴은 잊은 지 오래여도, 아들 얼굴은 단 한 번도 잊은 적이 없었다. 어느 날 침대에 누운 아버지가 아들을 보며 한가롭게 이야기를 건넨다.

"아들아, 이제 장가가야지."

함께 갔던 어린 손주들이 철없이 까르르 웃었다.

"엄마, 할아버지가 아빠 또 결혼하래요." 눈치 없이 이른다.

아들이 아버지 손을 잡고 자상하게 대답한다.

"아버지, 저 결혼해서 벌써 애가 셋입니다."

아버지는 혼자 중얼거리듯 말씀하셨다.

"그래도 우리 아들 장가는 가야지."

비어버린 눈으로 '씨익' 하고 웃는다. 아무런 의미도 없이.

내리 딸만 셋을 낳은 어머님은 생전에 아버님께 모진 구박을 받았다고 한다. 아들만 집착하던 아버님은 딸들은 출가외인이니 필요 없다 하셨단다. 어머님은 아들이 너무 낳고 싶어 새벽기도를 시작했다. 남편의 만류에도 넷째아이의 출산을 감행한 어머님은, 당신의 소원대로 아들을 낳았다며 살아생전 자랑스레 이야기하곤 했다.

외며느리로 김씨 문중에 시집와 딸만 내리 셋을 낳았더니, 막내손주 출산에는 아예 발길조차 하지 않으셨던 냉엄한 아버님. 그런 어르신이 기억 맑은 날이면 아들, 며느리에게 웃으며 말씀하신다.

“우리 아들은 딸이 셋이나 되네. 보기 참 좋다. 누가 뭐래도 요즘은 딸이 제일이지.”

평생 딸자식은 자식도 아니라던 아버님의 옹고집은 오간데 없이 사라졌다. 평생을 웃지도 않으시던 꼿꼿한 분이 의미도 없이 자주 웃는다. 인격마저도 변화시키는 이 질병을 어떻게 감당해야 한단 말인가. 돌아서는 짠한 발걸음에 뒷덜미가 당겨 아버님을 안아드렸다. 아버님은 배시시 웃으며 애기처럼 또 가만히 계신다.

아! 우리 아버님은 정녕 이런 분이 아니신데, 그분의 완고함이, 그분의 편협함이, 그분의 강직함이 오히려 그립기만 하다. 사람은 누구나 그 사람다울 때가 가장 자연스러운 것임을 알기에 아버지를 바라보는 아들의 애잔함에 내 가슴도 먹먹해졌다.

아버님은 치매로 오랜 시간 요양원에 계셨다. 아들은 매일 아침 출근길에 아버지의 안부를 확인하고 일터로 향한다. 아버지는 흐려지는 기억을 부여잡으며 매일매일 당신의 아들을 기다렸다. 하루, 이틀, 사흘. 그리고 일 년, 이 년, 삼 년.

그렇게 9년이라는 시간이 무심히 흘러갔다.

아홉 번의 여름이 무사히 지나갈 줄만 알았던 팔월의 마지막 날, 아버지는 장출혈로 식욕을 잃었다. 식탐도 잊었다. 노환으로 수액까지 받아들이지 못하면서 급속히 기력을 놓고 말았다. 가물거리는 기억 속에서도 아들만 보면 힘겹게 눈을 뜨고, 또 뜨던 아버지.

마지막 호흡에도 시선은 오직 아들을 향해 있었다. 그렇게 아흔을 목전에 둔 아버지는 쉰을 이제 막 넘긴 아들을 두고 먼 길을 떠났다.

아버지와 아들의 열 번째 여름은 이제는 천국의 약속이 되었다.

엄마가 되었더니

엄마는 벚꽃 향이 가득한 봄날 오후에
따스하게 고통을 마감했다.

지이이잉. 지이이잉.

핸드폰 진동 소리가 차가운 새벽공기를 단숨에 깨뜨린다. 나는 깊은 잠에서 억지로 빠져나와 조명 묻은 스마트폰을 멍하니 본다. 새벽 5시. 액정 화면에 '엄마'라는 두 글자가 나를 부른다. 쿵쾅거리는 가슴을 애써 누르며 초록색 통화버튼을 천천히 밀어낸다.

"엄마, 저예요. 무슨 일 있어요?"

"니는 대체 어디고?"

이른 아침부터 뾰족해진 엄마의 목소리에 심통이 슬쩍 묻어있다.

"어디긴요. 집이죠." 나는 별일 아니라는 듯 차분하게 대답한다.

"니는 도대체 엄마를 병원에 두고 뭐하고 있노?" 떨리는 목소리.

"엄마, 아침에 영실이 갈 거구요. 저는 회사 마치고 바로 병원으로 갈게요."

"알았다." 그제야 모친과의 모닝통화가 끝이 난다. 수화기 너머 안심하는 환자복의 노모가 눈에 어른거린다.

두 해 전 가을. 며칠째 소화가 안 된다며 가스명수만 찾아대던 엄마는 개인병원을 다녀와도 그때뿐이었다. 하는 수 없이 근처 사는 동생의 도움을 얻어 종합병원 소화기내과에서 위내시경을 받았다. 위암 4기. 청천벽력(靑天霹靂) 같은 선고였다. 머릿속이 쩌억 두 동강나는 극심한 통증을 느꼈다. 동생은 전화통을 붙들고 울고불고 난리다. 점심시간을 이용해 나는 급히 병원으로 달려갔다.

그 해 여름이었다. 엄마는 주왕산을 오를 정도로 정정했다. 청송식당에서 소고기를 나보다 맛나게 드셨던 분이다. 그런데 위암이라니. 몇 개월 만에 말기 암이라니. 나는 도무지 믿을 수 없었다.

암환자를 지치도록 봐온 의사의 목소리는 낮고 건조했다. 원래 그런 유의 암이란다. 소리 없이 위벽에 붙어 조금씩 내막을 갉아먹고 부풀어 오르는 선암. 대부분의 환자는 좁아진 식도 때문에 위염과 소화불량을 호소하지만. 병원에 오면 치료시기를 놓친 경우가 다반사라고 했다.

지난 십수 년 간 오로지 모친의 치매만 걱정했다. 정기적으로 병원을 갔다. 의사의 지시도 충실히 따랐고 기본검사도 빠짐없이 받았다. 그런데도 위암인 줄 까맣게 몰랐다. 꿈에도 생각지 못했던 일이었다. 소변검사, 피검사가 정상수치를 나타낼

지라도 암일 수 있다는 사실을 나는 왜 몰랐을까.

조금만 민감했더라면 알았을까. 엄마는 유달리 육(肉)고기를 좋아하셨다. 양념고기를 야채 쌈도 하지 않고 드시던 분이었다. 그런 모친이 어느 날에는 소화가 안 된다고 했다. 어느 날에는 입맛이 없다고 했다. 그 좋아하던 불고기를 마다하기도 했다. 그냥 그러려니 했다. 나이 들어 음식 취향이 바뀐 것뿐이라며 스스로를 안심시켰다.

M 병원 5층. 창가 침대에 엄마가 힘없이 누워계신다. 불과 몇 달 전 사십삼 킬로였던 엄마의 몸무게는 이제 겨우 삼십 킬로를 넘을 뿐이다. 죽도 넘기지 못하는 상태로 미음 한술 겨우 뜰까말까 하신다. 정맥용 영양제에 의존해 한 달씩 생명을 연장 받고 있다.

종합병원 입원 가능일수는 한 달이면 끝이다. 한 달이 지나면 무조건 퇴원해야 한다. 하루라도 퇴원해야 재입원이 가능하다. 꼬박 한 달을 채운 입원에 이삼일 임시 퇴원을 한다. 식사를 못하니 증상 악화로 재입원은 당연하다. 다시 한 달간의 영양제 집중투입과 치료. 잠시의 퇴원. 다시 입원. 반복되는 입원과 퇴원으로 엄마는 몸도 마음도 지쳐가고 있었다.

의사는 요양병원으로 전원을 권했다. 동생과 나는 코로나 상황 속에서 면회도 제대로 할 수 없는 요양병원으로 모친을 차마 보낼 수가 없었다.

그럭저럭 모진 겨울이 지나고 봄 향기가 그윽한 삼월이 되었다. 늘 그렇듯 한 달을 채우고 또다시 퇴원을 했다. 욕조에 몸을 담그고 싶다는 엄마를 위해 아기용 목욕통을 샀다. 사이즈가 꼭 맞아 다행이어야 하는데 쪼그라든 엄마의 어깨가 통보다 좁았다. 그래서 더 슬펐다.

탕 속에 앉아 때를 밀어주는 대로 가만히 계신다. 작은 미동도 없다. '얼굴' 하면 얼굴을 쏙 내밀고 '손' 하면 손을 얌전히 내밀 뿐이다. 엄마는 다시 아기가 되었다. 뼈가 앙상한 몸을 구석구석 씻겨드리고 새로운 이부자리를 편다.

손주들은 할머니 생신을 축하해 드린다며 집안을 꾸미고 있다. 금색 풍선으로 장식한 'HAPPY BIRTHDAY'가 벽면을 가득 채웠다. 목욕을 마치고 힘들게 누워 있던 엄마는 손주들의 정성에 힘들게 몸을 일으킨다. 여든다섯 번째 생일 케이크는 예쁜 떡케이크다. 촛불 끌 힘도 없는 엄마는 고깔모자를 쓰고 희미한 웃음으로 손주들과 사진을 찍었다. 마지막 생일 기념 사진을.

생일날 무리했던 엄마는 다음날 응급실로 실려 갔다. 엄마가 누웠던 이부자리에는 엄마의 온기가 아니라 환자의 비릿하고 매캐한 냄새가 배어 있었다. 이불을 개는데 눈물방울이 후드득 떨어진다.

직장에 다니는 딸 때문에 손녀딸을 셋이나 업어 키웠던 바지런한 엄마는 이제 아무것도 안 한다. 멍하니 침대에 누워 천장만 본다. 가끔은 불편한지 배를 만진다. 엄마는 무슨 생각에 잠겨 있을까. 예전 일들을 꺼내면 용케도 기억해 내고 반응을 한다. 암 투병 이후로 치매 약을 복용하지 않는데도 인지기능이 유지되고 있다.

결혼을 하고 아이를 낳고 엄마가 되었다. 초보엄마인 나는 베테랑 엄마에게 이것저것 묻고 의지하면서 딸 셋을 키워냈다. 아이들은 건강하게 자라 대학생이 되었다. 나는 어느새 쉰 살이 넘었고 노모는 팔순을 거뜬히 넘겼다. 중년의 엄마인 나는 암과 투병하는 노모를 간병하고 있다. 이제 또 다른 시간이 더해지면 내 아이들도 엄마가 될 것이고 지금의 나처럼 고령의 엄마를, 혹은 아픈 엄마를 지켜보게 될 것이다.

어리석고 미련한 나는 삶의 끝자락에 매달려 있는 엄마를 떠나보내지 못하고 있었다. 무심한 엄마는 벚꽃 향이 가득한 눈부신 봄날 오후, 가족들 품에서 따스하게 고통을 마감했다.

한 번쯤은

그래, 이거면 되었다. 새 차가 뭐라고.

그까짓 기깔이 뭐라고.

뭐든 간에 한 번쯤은 기깔나고 싶었다. 욕심이었을까.

작년 여름이었다. 오랜만에 남편과 딸들이 합세하여 저녁을 준비한다고 분주했다. 그 해 6월 나는 《수필과비평》에서 신인상을 받았다. 수필가 등단파티라더니 정작 주인공인 나는 안방에서 나오지도 못하게 한다. TV 채널을 이리저리 돌려보지만 신경은 온통 문밖으로 쏠릴 뿐이다.

두어 시간 만에 감금에서 해제되었다. 딸들의 손에 이끌려 거실로 나왔다. 고무나무 원목 탁자에는 배달음식이 가지런히 세팅되어 있었고, 탁자 중앙에는 앙증맞은 생크림 케이크가 한 자리를 차지하고 있었다. 아이들이 축하공연을 준비했다며 요즘 유행하는 노래와 댄스를 선물해 주었다. 따끈한 샤브샤브의 국물과 달달한 케이크는 한 주간의 피로를 날려주기에 충분했다.

식사가 끝날 무렵 남편은 중대발표가 있다며 너스레를 떨었다. 괜스레 어깨에 힘까지 주며 목소리를 낮게 깔았다. "얘들아, 아빠가 특별히 엄마 등단기념으로 차를 바꿔주기로 했다." 딸들은 열렬히 박수치며 환호했다. 경차에서 업그레이드될 엄마를 부러워했고, 제 아빠의 능력을 은근히 자랑스러워했다.

2011년산 스파크를 중고로 사서 2년 넘게 잘 타고 다녔다. 큰 차들이 깜빡이도 없이 들이밀어 놀랄 때도 있었다. 식당에서는 주차선도 없는 모퉁이에 주차하라는 푸대접도 받았다.

그래도 좋았다. 그 친구와의 뭉근한 추억이 잊히지 않는다. 그가 있었기에 매주 엄마 집에 반찬을 실어 나를 수 있었다. 늦지 않게 모친 병원으로 달려갈 수도 있었다. 덕분에 출퇴근도 편히 했다. 고마운 친구다.

차도 나이를 먹으니 기력이 떨어졌다. 여기저기 아파 병원비도 꽤나 들었다. 힘이 딸려 엔진을 수리했고, 뒷좌석 문이 열리지 않아 전기부품도 교체했다. 여기저기 타박상과 찰과상이 심해 도색도 새로 해주었다. 안테나 접촉 부분까지 말썽을 부렸다. 고민하던 차에 남편이 차를 바꿔 준다고 하니 얼마나 고마웠는지 모른다.

평소에는 그다지 추진력을 보이지 않던 남편이 월요일 아침부터 차키를 달라고 보챈다. 당장이라도 새 차를 눈앞에 들이밀 기세다.

몇 년 만에 처음으로 걸어서 출근했다. 헉헉거리며 문현동 장고개를 넘었다. 마스크 안이 과호흡으로 후끈거렸다. 어느새 이마에는 땀방울이 송골송골 맺혔다. 차로 10분도 걸리지 않는 거리를 30분도 넘게 걸어서 사무실에 도착했다. 골목마다 재개발구역의 상흔으로 마을 분위기가 뒤숭숭하다. 한 집 걸러 한 집이 빈집인 낯설고 무서운 동네가 되었다. 씁쓸했다.

점심을 먹고 나니 카톡으로 사진 하나가 전송되어 왔다. 사진 속에는 낯익은 얼굴과 낯선 차 한 대가 나를 보고 멋쩍게 웃는다. "대한민국 No.1 직영중고차 양산직영점." 빨간 문구의 K Car 앞에서 어깨를 활짝 편 남편이 하얀 마스크를 끼고 신차 모델처럼 폼을 잡고 있었다.

엑센트 2015년산. 남편은 좋은 차를 구했다며 몹시 만족해했다. 내 바람은 그저 경차에서 소형차로 바뀌는 것이었으니 남편은 약속을 지킨 셈이다. 첫 번째 차에 이어 두 번째 차마저 중고차라는 사실에 살짝 짜증이 났다. 생각해 보니 나는 한 번도 남편 차를 중고로 사 준 적이 없다. 운전 베테랑인 남편은 늘 새 차를 탔다. 기껏 중고차 한 대 사주려고 주말부터 그리도 야단법석을 떨었단 말인가.

블랙박스 달고 내비게이션과 후방카메라를 점검할 테니 수요일부터 타라고 남편은 생색을 낸다. 비 오는 화요일에도 걸어서 출근을 했다. 퇴근 무렵, 시승식 하러 빨리 오라고 딸들이 독촉을 한다.

오십 중반의 나이. 나도 더 늙기 전에 한 번쯤은 기깔나고 쌔끈하게 신형 차를 타고 싶었다. 경영학과에서 알뜰함을 전공한 남편은 이번에도 자신의 능력치 안에서 최선을 다했다. 중고차 팔아 중고차를 사주었다. 계산기를 두드리며 스스로를 대견해 했을 남편 얼굴이 선명히 그려진다.

첫아이를 임신했을 때였다. 입덧이 심해 음식을 잘 먹지 못했다. 어느 날 용케도 피자가 먹고 싶어 퇴근하는 남편에게 전화를 했다. 남편은 흔쾌히 피자를 사오기로 했다. 집에 들어서는 남편 손에 들려진 건 피자헛의 치즈크러스터 피자도, 도미노의 쉬림프 피자도 아니었다. 그냥 길에서 파는 천 원짜리 피자 빵이었다. 나는 대성통곡을 했다. 뱃속의 아이가 먹고 싶다는데 그걸 또 아끼느냐고 남편을 타박했다.

남편은 미안해하며 궁색한 변명을 늘어놓았다. 옆에서 직원들이 그러는데 백발백중 사가 봐야 입덧하는 부인들은 먹지 않는다고. 그래서 자기가 먹으려고 피자 빵을 사왔다고 했다. 피자 빵을 먹는 남편의 궁상맞은 뒤통수를 보니 또 울화가 치밀었다.

두 돌짜리 막내를 업고 네 살, 여섯 살 두 딸의 손을 잡고 아파트 상가에 갔다. 아이들이 흩어져 제 먹을 간식을 고르는데 슈퍼 사장님이 뒤에서 다 들리는 혼잣말을 한다.

'이 집은 애들 아빠가 오면 싸고 저렴한 것만 고르는데, 애기 엄마가 오면 애들이 원하는 대로 다 사주네.'

서로 다른 사람이 만나 이해하고 양보하며 살아온 세월이 이십칠 년이다. 그럭저럭 욕심부리지 않고 무탈하게 살아왔다.

퇴근 무렵 가족 단톡방을 보다가 '빵' 터졌다. 톡으로 보내온 남편의 사진이 아카데미 레드카펫을 밟은 주인공처럼 당당해 보였다. 바뀐 차 사진에다 "축 등단"이라고 커다랗게 써서 응원 문구와 함께 보내왔다. 집에 가니 큰딸이 내 손을 잡으며 위로한다.

"엄마, 오 년만 딱 기다려. 내가 기깔나는 새 차 뽑아줄게."

그래. 이거면 되었다. 새 차가 뭐라고. 그까짓 기깔이 뭐라고.

2부
당신을 봅니다

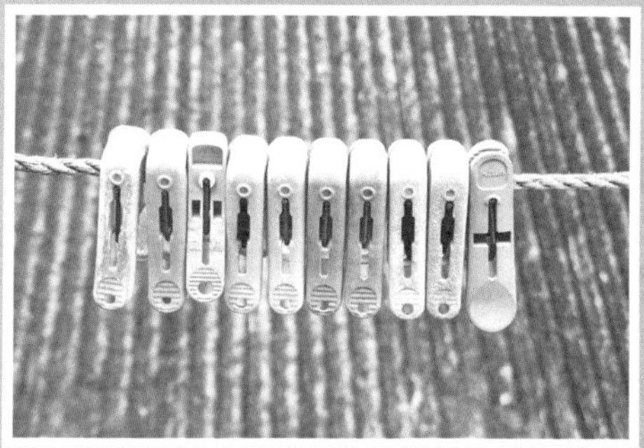

무슨 물건이든 녹이 슨다. 시간 앞에 장사 있으랴. 녹이 슨다는 건 세월의 흔적이며 쓸모가 없어졌다는 슬픈 표지다. 나이 들면 머리도 녹이 슨다. 칼도, 장도리도, 욕실 손잡이도 녹이 슨다. 쇠붙이의 녹은 세월을 품고 공기와 합쳐져 껍질부터 노쇠해지지만 아무런 불평도 하지 않는다. 진즉 녹이 쓰라린 것은 지금껏 품었던 희망, 꿈, 소망이 시들어버리는 것이다. 제 스스로 제 가능성의 손을 놓는 것이다.

- 〈녹슨 빨래집게〉 중에서

녹슨 빨래집게

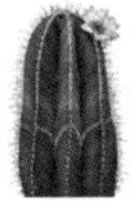

할머니의 녹슨 빨래 집게가 더 슬프게 생각난다.

그 빨래집게는 언제부터 녹이 슬었을까. 서구와 사하구를 연결하는 오래된 대티터널을 지나면 원도심인 괴정2동이 나온다. 일명 까치고개라 불리는 산복도로 일원이다. 지금은 도시재생 뉴딜사업으로 노후주택 정비 사업이 활발히 진행되고 있지만, 이십 년 전만 해도 다들 생활 여건이 녹록하진 못했다.

산동네 거주민 대부분이 그렇듯 까치고개에는 나이든 어르신들이 주로 생활하고 있었다.

2000년으로 기억된다. 그 해에 나는 괴정2동사무소에 근무했다. 밀레니엄 베이비를 임신한 채로 주 2~3회 등산하듯 좁은 언덕길을 올라 홀로 어르신들의 안부를 확인했다. 산동네는 담벼락을 따라 어르신들의 속옷이 가지런하게 빨랫줄에 널려있었다. 빨래집게는 좁다란 빨랫줄에 대롱대롱 매달려 노랑, 빨강, 파랑의 존재감을 과시했다. 누구네 집 빨랫줄에는 하얀 러닝셔츠가 햇살에 받아 반짝이고 있었다. 바람에 나부끼는 깨끗한 빨래들을 눈으로 일일이 살피며 어르신들의 건강을 점검한다.

복순 할머니는 방 한 칸에 공동화장실을 사용하는 다세대주택에 기거했다. 할머니의 좁은 방 옆에는 시각장애인 할머니가, 그 옆방에는 다리가 불편한 할아버지가 살았다. 세 분은 다닥다닥 붙어살며 서로를 의지했다. 오순도순 사는 모습이 피붙이처럼 다정해 보였다.

복순 할머니는 젊은 날 남편과 사별하고 홀몸으로 딸 하나를 키워 시집보냈다. 생인손 같은 그 여린 딸은 아이를 낳지 못했다. 남편과 시댁의 구박을 받으며 버텼으나, 다섯 해를 채우지 못하고 이혼했다. 어쩌면 쫓겨났다는 표현이 맞을지도 모른다. 그녀는 정신적 충격으로 결국 정신병원에 입원해야 했다.

할머니는 나만 보면 병원에 있는 외동딸 생각이 난다며 볼록한 내 배를 흐뭇하게 바라보았다.

"우리 딸도 슨상님처럼 배만 복닥하게 불렀시믄 잘살았을 낀대."

복순 할머니는 딸의 불행이 아기가 없었기 때문이라고 철석같이 믿는 듯했다. 할머니는 매월 생계비를 받으면 병원에 있는 딸을 만나러 갔다. 비가 오나 눈이 오나 딸의 속옷과 간식거리를 사서 김해까지 먼 거리를 다녀오곤 했다. 병원에 다녀온 날이면 쪽방 친구들이 모여들어 할머니와 딸의 다양한 면회담을 들었다. 딸이 날 보고 웃더라, 금방이라도 퇴원하겠더라, 그새 살이 쏙 빠졌더라, 오늘은 나를 알아보고 고개도 끄덕이더라.

옆방 친구들은 자기 자식 이야기마냥 귀담아들어 주었다. 산동네 사람들의 사는 이야기에는 누구든지 절로 미소 짓게

하는 힘이 있다.

어느 날인가 할머니는 신문지로 돌돌 만 까만 꾸러미 하나를 건네주었다. 민원들에게 커피 한 잔도 받지 않던 나는 정색하며 이러시면 다신 오지 않겠노라고 거절했다.

"아이고, 슨상님. 이거는요, 내가 장사하다 남은 긴대요, 퇴원하면 딸 줄라고 이적껏 아껴뒀는디, 고마 이렇게 댓네요. 우리 슨상님은 이런 거 안 쓰실랑가예?"

실랑이가 이어졌지만 결국 까만 봉지 하나를 들고 집을 나서야 했다. 할머니는 낡은 철문 밖에 서서 비탈길을 내려가는 나를 끝까지 눈으로 배웅했다.

복순 할머니는 젊은 날 청상(靑孀)의 몸으로 길거리에서 빨래집게와 빗, 잡화 등을 팔았다. 노점상으로 딸을 키운 할머니는 나이가 들고 다리가 아파 더는 장사를 할 수 없었다. 물건들을 처분하면서 빨래집게만은 신문지에 고이 싸두었다. 혹여 딸이 돌아오면, 혹여 딸이 아이라도 낳으면 빨래집게는 있어야 할 것 같았다고 했다.

어린 딸들을 키워보니 빨래집게가 요긴하기는 했다. 아이들의 빨랫감이 얼마나 많이 나오는지. 색색의 앙증맞은 원피스와 양말 여러 짝을 빨래집게로 꽂아 건조대에 걸어두면 사람 사는 온기가 집안 가득 퍼진다. 따뜻하다. 가끔 빨래집게는 심심한 아이들의 장난감이 되기도 했다.

출퇴근길이 제법 멀었다. 퉁퉁 부은 발과 지친 몸으로 버스를 두 번이나 갈아타야 했다. 북적이는 사람들 속에 자리를 잡고 앉는다. 앉자마자 무거운 머리가 정신없이 위아래로 꼬꾸라진다. 한참을 달린 끝에 겨우 정신을 차린다. 하차할 정류장이 코앞이다. 버스에서 간신히 내려 집으로 향한다. 몸이 무겁다.

두 딸에게 저녁을 먹이던 친정 엄마는 영문도 모른 채 까만 봉지를 받아든다. 샤워를 마치고 나오니 엄마는 잔뜩 볼멘 목소리로 말했다. "어디서 이런 빨래집게를 물건이라고 사왔냐, 불쌍하다고 물건도 안 보고 산 것이제?" 엄마는 내가 골목시장에서 불쌍한 할머니한테 된통 바가지 썼다고 생각하신 듯했다.

빨래집게가 거실 바닥에 신문지와 함께 펼쳐져 있었다. 노란색, 분홍색, 파란색. 노란색 집게 하나를 들어보니 빨래집게 사이를 잇는 철 스프링이 녹이 슬어 있었다. 다른 색 빨래집게도 죄다 녹슬어 있었다.

무슨 물건이든 녹이 슬게 마련이다. 시간 앞에 장사 있으랴. 녹이 슨다는 건 세월의 흔적이며 쓸모가 없어졌다는 슬픈 표지다. 나이 들면 머리도 녹이 슨다. 칼도, 장도리도, 욕실 손잡이도. 쇠붙이의 녹은 세월을 품고 공기와 합쳐져 껍질부터 노쇠해지지만 아무런 불평도 하지 않는다. 녹이 스는 것은 지금껏 품었던 희망, 꿈, 소망이 시들어버리는 것이다. 제 스스로 제 가능성의 손을 놓는 것이다.

누군가의 엄마이기도 한 할머니는 빨래집게가 녹슬 거라고는 생각지도 못하고 야무지게 신문지에 싸두었다. 할머니에게 빨래집게는 딸을 향한 엄마의 간절한 소망 묶음이었을 것이다.

빨래집게 봉지를 소중히 건네주던 할머니가 생각났다. 그 빨래집게는 얼마나 오랫동안 쪽방 선반에 놓여 있었을까. 신문지에 켜켜이 쌓여 습기와 냉기를 먹도록 할머니는 왜 집요하게 간직하고 있었던 걸까. 할머니는 임신한 나에게 빨래집게를 왜 넘겨주었을까. 하얀 천기저귀가 햇살받이로 옥상에 걸렸을 딸의 꿈을 만삭의 또 다른 딸에게 고스란히 물려주려 하신 건 아닐까.

재작년에 큰마음 먹고 건조기를 샀다. 세탁기에서 이내 건조기로 들어간 세탁물은 한 시간 후면 보송보송 말라나온다. 장마철에도 걱정할 필요가 없다. 빨랫대도 필요 없어 한동안 빨래집게를 잊고 있었다. 그런데 여름이 되면서 건조기에 넣을 수 없는 얇은 재질의 옷들이 탈수만 하고 널어달라고 아우성거리기 시작했다. 베란다에 설치된 빨랫대를 다시 사용하게 되었다. 그 덕에 빨래집게도 햇빛을 보았다. 어떤 옷들은 탈수만 하고 자연대광에 널어야 하는 것들이 있다. 그 때마다 나는 어김없이 빨래집게를 사용한다. 빨래집게를 볼 때마다 그 옛날 복순 할머니가 무시로 떠오른다.

나는 형형색색의 빨래집게가 좋다. 바짝 마른 양말에 움푹 팬 집게자국도 사랑스럽다. 건조기가 있어도 일부러 덜 말려서 빨래집게를 사용하기도 한다. 과자봉지를 집어두기고 하고, 냉동식품 봉지를 막음하는 데도 요긴하게 사용한다. 어느새 빨래집게는 내 주방의 애장품이 되어 있다.

요즘 빨래집게는 녹슬지 않는다. 그래서인지 할머니의 녹슨 빨래집게가 더 슬프게 생각난다.

아빠의 눈물

상담기록지를 꽉 채운 사연은 무겁지만
내 마음은 가볍기만 하다.

여름비가 창문을 세차게 두드린다. 빗줄기가 예사롭지 않다. 비 오는 날 누구네 집을 방문하기란 이래저래 불편함이 많다. 마을버스를 타고 가야 하는 꼬불꼬불 산동네는 집 찾기부터가 곤혹인데 비가 내리면 지번 확인에 더욱 애를 먹는다. 그래도 민원과의 약속이니 주섬주섬 우산을 챙겨든다.

구청 통합조사팀은 생활고를 겪는 주민들을 법정수급자로 책정하는 업무를 담당하는 부서다. 수급자가 되면 생계비, 의료비, 주거비와 각종 현물을 지원받는다. 수급에서 탈락하면 그 원망은 고스란히 담당자의 몫으로 돌아온다. 몇 해 전까지 나는 조사업무를 맡았다. 덕분에 사계절 꼬박 가정방문을 다녔다. 봄, 가을은 그나마 날씨라도 좋았지만, 여름장마와 손끝 시린 겨울 추위는 직업정신마저 휘청거리게 했다.

굽이굽이마다 사연 없는 인생이 어디 있으랴마는 비 오는 날 만났던 '아빠'라는 이름의 남자를 잊을 수가 없다.

용호동 산동네 골목 끝에 위치한 오래된 복도식 연립주택이었다. 이름은 그럴싸한 맨션이지만 엘리베이터도 없는 낮고도 낡은 건물이었다. 서둘러 우산을 접고 1층 복도를 따라 안쪽 끝까지 걸었다. 철문에 새겨진 호수를 눈으로 재차 확인하고 벨을 누른다. 응답이 없다. 현관문을 조용히 노크해 본다. 안쪽에서 중저음의 차분한 목소리가 들려온다.

"누구세요?"

"구청에서 왔습니다."

나는 짧고 간결하게 대답했다. 문이 열리고 둥글둥글한 체구의 사내가 현관 바닥에 맨발로 서서 멋쩍게 웃는다.

"벨이 고장나서요. 죄송합니다."

"괜찮습니다."

나는 고개 숙여 인사하고 안으로 들어섰다. 아파트 현관문은 조금 열어두었다. 남자 혼자 있는 집을 방문할 때면 문을 절반쯤 열어두는 습관이 있다. 남자는 당황했지만 더위를 핑계대며 현관문을 닫지 않도록 정중히 부탁했다.

집안은 아이 키우는 분위기가 물씬 났다. 서툰 솜씨의 그림과 낙서들이 벽면 여기저기를 정겹게 차지하고 있었다. 아기자기한 장난감과 물건들이 잘 정돈되어 있어 편안함을 느꼈다. 식탁도 우리 집보다 깨끗한 듯했다. 자리에 앉으며 수급신청 서류를 주섬주섬 꺼냈다.

"아이들은 복지관에 갔나요?"

"지금은 학교에 있을 겁니다. 학교 마치면 복지관으로 갑니다."

남자는 초등학교에 다니는 연년생의 아들과 딸을 홀몸으로 키운다. 아이들은 심한 자폐성 장애를 가지고 있었다. 아내와는 생활고로 수년 전 이혼했다고 한다.

살다 보면 축적된 경험과 얄팍한 지식들이 익숙한 상황을 비껴갈 때가 가끔 있다. 오늘이 그런 날이다. 대부분 장애아를 키우는 사람은 엄마다. 장애를 가진 자녀에게 헌신하다 가정불화가 생기면 남편은 무관심과 생활고로 가출하고 남겨진 모자가 가정을 이루는 반면, 이번에는 부자가정이다.

그는 화물차 운전을 하며 생계를 책임지느라 어린아이들을 돌보지 못했다고 후회했다. 아내를 믿었기에 열심히 돈만 벌었다고 한다. 장거리 운행도 마다하지 않았다. 밥 먹는 시간이 아까워 김밥으로 점심을 때우기가 일쑤였다. 아내는 좀처럼 나아지지 않는 아들과 딸을 돌보면서 마음의 병이 들고야 말았다. 우울증으로 도박에 손대기 시작한 그녀는 멈출 수 없는 지경에 이르렀다. 남자의 가정은 파국을 맞았다. 아이들은 슬픈 얼굴의 엄마를 무서워했다고 한다. 아빠와 살게 된 아이들은 조금씩 마음의 문을 열었다. 현재는 복지관과 병원 치료를 받으면서 호전되고 있다. 남자는 모든 게 자신의 탓이라며 전처를 원망하지 않는다고 했다. 속내를 드러낼수록 그의 얼굴에는 슬픔과 그리움이 진하게 묻어났다.

나는 아이들 얼굴이 보고 싶다며 말머리를 돌렸다. 남자는 신이 나서 자신의 핸드폰에 담긴 사진을 보여주었다. 아이들이 아빠를 꼭 닮았다. 큰 바위 얼굴의 아빠와 작은 바위 얼굴의 아이들. 사진 속 세 사람은 환하고 따사롭게 웃고 있었다.

남자는 이혼 후 운전을 그만두었다고 했다. 지인의 소개로 집에서 부동산 중개일을 하고 있단다. 전화로 연결시켜 주고 약속시간에만 나가는 일이라 아이들을 키우기는 괜찮은 직업이라고 했다. 장애인 복지를 전공했다고 했더니 눈을 반짝이며 이것저것 야무지게도 물어본다. 이 나라에서 장애아를 키우기가 너무 힘들다는 하소연도 보탰다.

대학시절부터 장애인 단체에서 봉사활동을 했던 터라 충분히 공감할 수 있었다. 지금은 '두리발'이라는 장애인 전용 콜택시가 있지만, 예전에는 대중교통을 이용했다. 휠체어 장애인과 택시 타기란 쉽지 않은 일이었다. 장애인은 재수가 없다며 승차거부 당하기 일쑤였다. 어떤 날은 길바닥에서 몇 시간씩 마음씨 좋은 기사님이 오기를 하염없이 기다리기도 했다. 아프고도 슬픈 세월이었다.

남자는 진심으로 가족과 함께하고 싶어 했다. 아이들을 이해하기 위해 사회복지를 공부하기 시작했다는 그는 저녁에는 아이들과 그림도 그린다고 자랑했다. 나는 말해 주었다. 그가 아이들에게 얼마나 멋진 아빠인지를. 누구보다 멋진 사회복지사가 될 거라고 응원해 주었다. 남자는 동그란 얼굴에 더 동그란 눈을 하고 눈물을 뚝뚝 흘렸다.

다 큰 남자의 눈물을 보며, 내 어린 날 이 남자와 비슷했을 나이대의 아빠가 생각났다. 산복도로에서 가난하게 살던 시절이었다. 산복도로에는 버스들이 유독 험하게 달렸다. 국민학교(지금의 초등학교) 1학년 꼬맹이였던 나는 아랫동네에 있는 학교에 가기 위해 버스정류장에 서 있었다. 과속하는 버스가 앞으로 돌진한다고 생각한 순간 나는 너무 놀라 기절했다. 머리가 '쿵'하고 바닥으로 내려앉았다. 사람들은 소리를 질러댔고 버스는 그제야 멈췄다고 나중에야 전해 들었다.

하얀 천장에 하얀 전구. 하얀 옷을 입은 사람들. 내가 깨어나 처음 본 병원의 풍경이었다. 그리고 더 하얗게 질린 젊은 내 아버지의 얼굴. 180센티미터도 넘는 거구의 아빠는 초라한 작업복 차림으로 커다란 눈에 더 큰 눈물을 채우고 서 있었다. 내가 무슨 검사를 받았는지, 얼마나 입원을 했는지, 어디를 다쳤는지 모두 잊었다. 하지만 어린 딸의 손목을 부여잡고 두 눈이 시뻘게지도록 소리 없이 우시던 뜨거운 부정이 쉰 살이 넘은 지금도 기억난다.

남자의 배웅을 받으며 비탈진 골목길을 내려온다. 상담기록지를 꽉 채운 그의 사연은 무겁지만 내 마음은 가볍기만 하다. 쏟아지는 빗방울이 오히려 시원하다.

필담(筆談)

오늘도 나는 사연 많은 업무수첩을 들여다보며 길을 나선다.

몇 장 남지 않은 업무수첩을 펼친다. 오늘 찾아뵐 방문대상자의 정보를 간단히 메모한다. 주로 혼자 사는 어르신들이나 장애인 가정들을 우선 방문한다. 나는 사회복지공무원이다.

승강기도 없는 5층짜리 복도식 아파트에 순자 할머니가 살고 있었다. 홀로 사는 순자 할머니는 아흔을 가뿐히 넘겼다.

가는귀를 먹어 아무리 큰 소리로 이야기를 해봐도 사람들의 말귀를 알아들을 때보다 못 알아들을 때가 더 많았다. 세월의 흐름을 주름진 얼굴에 고스란히 받은 할머니는 볼살이 빠져 앙상한 광대만 도드라져 보였고, 하얀 얼굴에 더 하이얀 백발을 곱게 빗어 단정하게 쪽을 찌고 있었다. 허리는 굽고 손가락 마디는 굳은살이 박여 투박했으나, 마주한 눈빛은 소녀의 그것처럼 맑고 정갈했다.

옆집 아주머니의 증언에 따르면 여든까지는 큰 소리 정도는 곧잘 알아듣곤 했다는데 아흔이 지나면서는 좀처럼 크게 소리를 질러도 엉뚱한 말씀만 하시는 바람에 자주 애먼 가슴만 친다고 했다. 순자 할머니와 소통하려면 고래고함을 지르는 것보다 공책에 글씨를 쓰는 편이 훨씬 수월하다는 것을 이웃들은 몇 번의 실패 끝에 깨닫게 되었다. 타지에 사는 손녀는 그런 할머니를 위해 이따금 공책 한 묶음을 사서 보내주었다.

나도 그렇게 필담(筆談)으로 순자 할머니를 알게 되었다. 중앙계단 입구에 위치한 회색 철문은 언제나 손님들을 위해 반쯤 열려 있었다. 좁은 현관으로 들어섰다. 열린 안방에는 조그만 TV와 앉은뱅이 탁자, 그리고 공책 한 권이 단출하게 놓여 있었고 흰머리를 곱게 쪽찐 어르신이 따스하게 맞아주었다.

"할머니, 새로 온 사회복지담당자입니다."라고 말을 건네자 할머니는 안 들린다는 표정으로 두 손을 내저으며 탁자 위 공책을 슬며시 내밀었다. 공책에는 여러 사람들의 필담 흔적이 남아 있었다. "할머니, 건강은 어떠세요?"라고 손 글씨를 적어 건넸더니 "이가 아파서 잠을 못 잤어."라며 답글을 네모 반듯 적어 보여주었다. 고령의 나이에도 필체가 단정한 것이 할머니의 성품을 말해주는 듯했다.

기다란 복도식 아파트에는 순자 할머니처럼 어르신들이 대부분 혼자 살고 있었다. 같은 아파트에 오래 살아서인지 서로의 사정을 누구보다 잘 아는 터였다. 멀리 사는 자식보다 더 살뜰히 챙겨주는 의좋은 이웃사촌들이다.

초여름에 선풍기를 가져다 드릴 때에도, 쌀이나 종량제 봉투를 가져다 드릴 때에도 순자 할머니는 언제나 그 자리 안방에 다소곳이 앉아 공책을 들여다보고 계셨다. 할머니의 공책을 보면, 지난주에 누가 다녀갔는지, 어제는 누가 무엇을 가져

왔는지, 그들과 어떤 이야기꽃을 피웠는지, 무슨 걱정을 하는지 소상히 알 수 있었다. 할머니에게 공책은 일상의 기록이자, 살뜰한 가계부이며, 사람냄새 가득한 방명록이었다.

할머니도 예전에는 아들, 며느리, 손주와 다복하게 살았다고 한다. 짧은 행복은 아들의 잇단 사업실패와 이혼으로 끝이 났다. 아들이 술독에 빠져 타지를 떠도는 바람에 할머니는 무척 마음고생이 심했다. 다행히 마음씨 고운 처자를 만나 아들이 재혼을 하게 되었는데, 초혼인 며느리에게 미안했던 할머니는 어린 손녀를 손수 맡아 아들의 가정을 지켜주었다. 그렇게 애지중지 키운 손녀는 할머니의 소원대로 순하게 자랐다. 손녀는 전문대를 졸업하고 경기도 쪽으로 취업을 하면서 자연스레 분가했다.

할머니는 잘 듣지도 못하면서 핸드폰 액정화면에 손녀의 이름만 뜨면 얼굴에 화색이 돌았다. 가끔 할머니 댁에 들러 손녀에게 전화를 걸어드리고, 손녀의 안부 인사를 대신 전하는 것도 내 업무의 일부가 되었다. 손녀가 핸드폰 너머 말을 건네면 할머니는 들리기라도 하는 것처럼 핸드폰 스피커에 귀를 쫑긋

세우고 눈을 반짝인다.

"할머니, 내 목소리 들려?" 손녀의 말을 공책에 대필하면 할머니는 그저 고개만 끄덕이셨다. 손녀에게 간단하게 할머니의 건강상태를 들려주고는 아쉬움을 뒤로한 채 통화는 끝이 난다.

"할머니, 손녀가 명절에 온대요. 식사 잘 챙겨 드시래요." 그저 손녀라는 이름만으로도 할머니 얼굴에 생기가 돌았다.

가을을 무사히 넘긴 할머니는 날이 추워지면서 감기몸살로 시름시름 앓기 시작했다. 며칠을 몸져누워만 계셨다. 혼자서 병원을 가거나 장보기쯤은 거뜬한 어른이었는데 모진 감기 끝에 그대로 기력을 놓았다. 옆집에 사는 할머니가 정성껏 죽을 쑤어다 줘도, 아랫집 새댁이 밑반찬을 챙겨다 드려도 도통 드시지 못했다. 걱정된 이웃들이 병원에 모시고 가려고 했으나 고집을 부리는 바람에 결국은 사회복지담당자인 내가 어르신들에게 불려갔다.

순자 할머니를 오랜만에 뵈었을 때 왈칵 눈물이 났다. 깡마른 할머니 모습에 내 노모의 얼굴이 담겨있었다. 원래도 가녀린 체구에 식사를 제대로 못해서인지 더욱 여위어 보였다. 퀭

한 두 눈에는 슬픔과 두려움이 묻어 있었다. 안타까움에 잡아 드린 두 손은 앙상한 나뭇가지처럼 말라 버석였다.

"할머니, 괜찮으세요?" 할머니는 나를 보며 눈동자만 끔뻑였지만, 반가워하는 마음이 고스란히 느껴졌다. 누우신 장판 옆에는 주인 잃은 공책 하나가 덩그러니 펼쳐져 있었다.

"할머니, 병원 가셔야죠? 저랑 같이 가실래요?"

답답한 마음에 '병원' 두 글자를 써서 할머니 코앞에 들이밀었다. 할머니는 공책을 힐끔 보시고는 이내 힘없이 고개를 돌린다. 다급한 마음에 손녀에게 전화를 걸었다. 손녀는 이미 할머니의 사정을 알고 있었으나 직장문제로 휴가를 낼 수 없다며 난감해 했다. 병원은 동행정복지센터에서 모시고 갈 테니 설득만 해달라고 부탁한 후 수화기를 할머니의 귀에 대 드렸다.

"할머니, 할머니 내 말 들려?" 손녀딸의 쩌렁쩌렁한 목소리가 수화기 너머 내 귀까지 명료하게 들려왔다. 나는 재빨리 손녀의 말을 공책에 적어 할머니께 보여드렸다. 할머니는 두 눈에 눈물이 그렁한 채로 고개만 끄덕인다. 할머니 대신 내가 대답해 주었다. "할머니 잘 듣고 계십니다."

"할머니, 내가 지금 바빠서 못 내려가니까 사회복지사 선생님하고 병원 먼저 가있어. 알겠지? 병원에 가 계시면 토요일에 내가 내려갈게. 꼭 병원에 가. 할머니. 알았지?" 급한 대로 내용만 요약해서 필담으로 보여 드렸더니, 할머니는 연신 고개만 끄덕인다. 역시 할머니의 처방전은 손녀였다.

119와 주변의 도움으로 순자 할머니는 인근에 있는 요양병원에 입원했다. 의사들이 분주하게 움직였고, 영양제가 다량 투여되었다. 환자복을 입은 할머니의 그늘진 얼굴에는 병세의 깊이가 늦저녁 황혼처럼 묻어났다.

이듬해 봄이 오기도 전에 할머니는 요양병원에서 조용히 세상을 등졌다. 소식이 뜸하던 아들 내외가 손녀와 함께 부산에 와서 할머니의 장례를 치르고 돌아갔다는 소문만 들었다.

지금은 우후죽순으로 치솟은 대단지 아파트가 산꼭대기를 지키던 아파트를 가려버렸다. 오늘도 한 계단, 한 계단 힘겹게 가파른 길을 오르며 굳은 삶의 무게를 견뎌내는 어르신들이 있다.

오늘도 나는 사연 많은 업무수첩을 들여다보며 길을 나선다.

제 모자는요?

우리 동네 청소특공대의 활약은 언제쯤 끝이 날까.

"그건 쓰레기가 아니에요."

다큐방송에서 심심찮게 방영되는 '저장강박증' 사람들의 집을 보면 가슴 밑바닥이 아려온다. 누가 봐도 쓰레기 더미지만 집주인은 쓰레기가 아니라고 시퍼렇게 날을 세우며 이웃주민들과 실랑이를 벌인다.

사회복지공무원을 하면서 해마다 쓰레기가 가득 쌓인 집들을 치우게 된다. 결과를 뻔히 알고 있어서인지 언젠가부터 짜증보다 짠한 마음이 앞선다. 불과 몇 개월만 지나면 이 집에는 더 많은 쓰레기가 쌓이게 될 것이다.

악취로 민원이 발생하면, 쓰레기 집에 사는 사람을 만나러 간다. 수차례 방문과 설득으로 마침내 대청소를 시작한다. 좁은 집에 1톤짜리 화물차가 적게는 세 대, 많게는 여섯 대까지 동원되기도 한다. 자생단체원이라 이름 붙은 모든 주민들이 나서서 손을 보탠다.

청소한 많은 집들 중에 아직도 잊지 못하는 가정이 있다. 특수학교에 다니는 장애인 학생의 집이었다. 지적장애를 가진 아들과 우울증을 앓는 무기력한 엄마, 그나마 노동력이 남아있는 아버지가 고물을 팔아서 생계를 유지하는 집이었다. 부모가 방임한다는 교사의 제보가 있어 동행정복지센터, 경찰서, 학교, 정신보건센터가 합동으로 솔루션 회의를 했다.

회의에 참석한 위원들은 모두 장애아동의 건강한 일상생활을 염원했다. 학교와 정신보건센터는 아이와 부모의 심리 상담을, 경찰은 지속적인 순찰활동을, 동행정복지센터는 집안청소를 맡았다. 산동네에 위치한 무허가 주택 앞에는 갖가지 고물들이 허리 높이만큼이나 쌓여 있었다. 좁은 현관문을 열자 음식물과 쓰레기더미가 부엌까지 들어차 발 디딜 틈이 없었다. 부엌을 통과할 수 없으니 안쪽에 위치한 안방까지의 진입은 불가한 상태였다. 입구에 있는 장애인 친구의 방에는 이불과 헌옷더미가 쌓여 있었다. 학생은 이불더미 위에서 잠을 자고 학교에 간다고 했다. 주말에는 외조모집에 가서 씻거나 옷을 갈아입기도 한단다. 친정에 살고 있는 모친을 밤늦게 만나 설득하고, 다음 날 아침 부친을 찾아가 다시 설득했다. 집을 깨끗하게 치워준다고 하니 싫지만은 않은 기색이었다.

청소할 날을 잡고 장애인 친구가 학교에 있는 동안 수십 명의 봉사자가 동원되어 생활쓰레기와 재활용품 분류작업을 했다. 나는 집주인이 없으면 집을 치우지 않는 것을 원칙으로 한다. 물에서 건져내면 보따리 내놓으라는 사람들이 많아 항상 집주인에게 물어보고 버릴 물건과 남길 물건을 결정한다.

그 날도 별일은 없었다. 집주인은 귀중품을 챙겼고, 버릴 것을 알려주었다. 죽은 바퀴벌레와 역한 냄새로 힘들었지만 물건들이 정리되자 집안 구조가 드러났다. 일자형 부엌에 큰 방과 작은방, 문 밖에는 재래식 화장실이 배치된 번듯한 단독주택이었다.

봉사자들은 일일이 집주인에게 물어보면서 쓰레기들을 종량제 봉투에 넣어, 동(洞) 차량인 1톤 화물차에 쓸어 담았다. 옆 동네의 차량까지 빌려서 몇 차례나 용호동에 있는 재활용품 처리장을 다녀왔다. 아침 일찍 시작한 청소 작업이 오후 3시가 넘어서야 간신히 마무리되었다. 정리해 놓고 보니 좁은 공간이 아니었다. 집주인은 만족해하며 장애아들 목욕도 시키고 옷도 갈아입히겠다고 철석같이 약속했다.

수고한 봉사자들을 보내고 차량을 정리하고 사무실로 돌아오니 오후 4시가 넘어 있었다. 또 하루가 그렇게 무사히 지나가는 듯했다. 5시가 되어갈 무렵, 동행정복지센터 문이 열리고 덩치 큰 아이가 사회복지담당자를 찾았다. 한눈에도 오늘 청소한 집의 아들임을 알 수 있었다.

아이는 말릴 새도 없이 눈물을 한바탕 쏟으며 자기 모자를 돌려달란다.

"선생님, 제 모자는요? 제 모자는 쓰레기가 아니에요."

나는 몹시 난감했다. 아빠한테 여쭤보고 처리했으니 아빠한테 모자 어디 있는지 물어 보라며 아이가 이해할 수 있도록 천천히 설명해 주었다.

아무리 찾아도 집에는 자기 모자가 없다고 아이는 다시 울었다.

"제 모자 돌려주세요."

내 이럴 줄 알았다. 쓰레기 집을 청소하면서 한 번도 무사히 넘어간 적이 없다. 어떤 할머니는 금반지가 없어졌다고 했고, 어떤 알코올중독자는 현금이 없어졌다고 난동을 부리기도 했다. 좋은 소리는 못 들어도 욕은 먹지 말자는 신조로 살아가는 나에게 저장강박증 가정의 집 청소는 늘 불안을 예약했다.

모자에 대해 설명해 달라고 하자, 자신이 모은 야구 모자 다섯 개가 몽땅 사라졌다고 울먹였다. 한 개면 사서라도 어떻게 달래 보겠는데, 다섯 개라니. 아이는 내 책상 앞에 버티고 서서 한 치의 움직임도 없었다. 재활용품처리장에 전화를 했다. 오늘 쓰레기가 아직 처리되지 않았다는 답변을 들었다.

직원의 도움을 받아 아이를 차에 태우고 재활용품분류장으로 달려갔다. 처리장에는 이미 의류와 이불들이 높은 산을 이루고 있었다.

"이 모자가 네 모자냐?"

"아뇨. 제 모자는 파란색, 노란색, 빨간색, 회색, 검정색이에요."

이 친구 기억력 보게. 나는 직원과 함께 오늘 들어온 재활용 쓰레기를 입구에서부터 뒤지고 또 뒤졌다. 머릿속이 복잡해졌다. 지적장애인의 특성상 애착 물건이 아니면 새 모자도 싫다 할 것이다. 어떻게든 여기서 모자를 찾아내야 한다.

얼마나 뒤졌을까 한 무더기의 모자가 우르르 떨어졌다. 아이가 흥분해서 소리를 질렀다. "선생님, 저기 제 모자가 있어요." 온몸으로 기다시피 헌옷더미에 올라가 모자를 낚아챘다. 모자는 여기저기 오물이 묻어 있었다. 아이는 제 물건을 찾은 기쁨도 잠시, 금세 슬픈 얼굴이 되었다.

"승하야. 선생님이 동사무소에 가서 모자를 빨아둘 테니까,

내일 학교 마치고 모자 찾으러 다시 올래?"

아이는 못내 아쉬워하며 검정 모자만 만지작거렸다.

"선생님, 그럼 내일까지예요. 꼭 돌려주셔야 해요."

아이를 다시 태우고, 모자를 싣고 심란한 마음으로 동(洞)으로 복귀했다. 아이를 보내고 쪽문을 열어 청소하는 곳에서 비누와 트리오로 모자를 빨아 상담실에 고이 걸어두고 퇴근을 했다. 다음 날 아이는 웃으면서 제 모자를 챙겨갔다.

작년에 청소해 준 집에서 다시 연락이 왔다. 올해는 언제 청소해 줄 거냐고 따지듯 묻는다. 다른 집도 줄 서 있는데 자기 집이 해마다 우선이라고 억지를 부린다. 나는 또 채무자가 되었다. 우리 동네 청소특공대의 활약은 언제쯤 끝이 날까.

미혼모 영희 씨

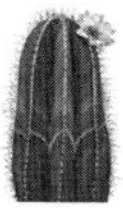

사랑의 징검다리가 커다란 생명다리가
될 것이라 믿어본다.

'카톡. 카톡.' 스마트폰 알람이 울린다. 낯선 이름으로 낯선 선물 하나가 도착해 있었다. 한참을 들여다봐도 모르는 이름이다. 당혹스러워 메시지 카드를 조심스레 클릭해 본다.

"너무 따뜻한 사람……. 복 받으실 거예요." 보내온 메시지는 짧지만 정겨움이 잔뜩 묻어 있다. 이 정도의 호감을 표하는 사람이라면 나는 그 이름을 분명히 알아야만 한다. 아무리 기억해 보려 애써도 여전히 낯설기만 한 이름. 고민 끝에 채팅창을 열었다. "죄송하지만, 누구신지……." 머릿속은 온통 왜 내가 그를 모를까, 모를 정도의 사이라면 잘못 온 선물은 돌려줘야 한다는 생각뿐이었다.

곧바로 답장이 왔다. "선생님, 저 이영희예요. 얼마 전에……. 개명했어요." 그녀의 얼굴이 선명히 떠올랐다. 그래서 내게 낯선 이름이었구나. 영희는 그새 이름을 바꾸었다. 사회복지사로 즐겁게 일하고 있다는 그녀에게 축하인사를 전하고, 일상의 안부를 묻고, 아이가 좋아할 만한 케이크 하나를 선물로 보냈다.

영희를 만난 건 2014년 봄. 그러니까 세월호 사건이 있기 한 달 전이었다. 그녀는 햇살둥지주택(반값임대주택)으로 우리 동에 이사 온 한부모 가정이었다. 사회복지공무원인 나는 수급자가 전입해 오면 가정방문을 즉시 나간다. 공과금 감면과 각종 복지시책을 안내하기 위해서다.

사는 집은 빈집을 리모델링한 주택으로 깔끔해 보였다. 영희는 어린 아들을 홀로 키우는 미혼모다. 동그란 얼굴에 맑은 눈망울을 지닌 앳된 외모의 그녀가 한 가정의 가장이고, 한 아이의 엄마다. 가정방문을 하면 원하든 원치 않든 그들의 살아온 인생사를 듣게 된다.

영희는 스무 살 무렵 사고로 부모님을 잃었다. 슬픔에 침잠할 시간도 없었다. 살기 위해 부지런히 일했고, 융자를 받아 온라인 쇼핑몰도 직영했다. 옷을 실어 나르는 일이 힘들었지만 하루하루 열심히 살았다. 그러다 운명의 남자를 만났다고 한다. 아버지같이 의젓한 그 남자에게 의지하고 싶었던 영희는 따뜻하고 행복한 가정을 꿈꾸었다. 사랑하고 사랑해 준다고 믿었던 그 남자는 임신 사실을 알고 말없이 사라졌다. 그렇게도 새 출발하고 싶었던 행복의 기대는 무심한 시간처럼 빠르게 그녀를 스쳐가 버렸다.

영희는 그 남자가 유부남일지도 모른다는 생각이 들었지만 애써 외면했다. 그녀는 혼자서 아이를 키워야 한다는 두려움과 아빠 없는 아이라고 사람들에게 손가락질 받을까봐 며칠을 울었지만 뱃속에서 꼬물거리는 생명을 놓을 순 없었다. 영희는 결국 아이를 낳기로 결심했다.

배가 점점 불러오자 옷 보따리를 나르는 일이 힘에 부쳤다. 물건을 자주 교체하지 못해 온라인 쇼핑몰은 주문량이 급감했다. 은행에서 융자받은 초기 투자비용은 고스란히 빚으로 남았다. 그녀는 결국 미혼모 쉼터에서 아이를 출산해야 했다.

살아남기 위해 영희는 젖먹이를 24시간 운영하는 보육시설에 맡기고 닥치는 대로 아르바이트를 했다. 옷가게 점원에서부터 뷔페 일용직까지 아무리 일을 해도 생활은 나아지지 않았다. 어린 아들의 잦은 병치레와 분리불안장애로 결국 국가의 도움을 받을 수밖에 없었다.

영희는 자활사업에 참여해 바리스타 직업훈련과정을 이수하고 있었다. 그 즈음에 나를 만났다. 나는 그녀가 얼마나 멋진 엄마이고 좋은 사람인지 이야기해 주었다. 제 한 몸 생각하고 자식을 버리는 부모도 있는데, 젊은 나이에 홀몸으로 아이를 키우기 위해 애쓰는 그녀가 안쓰러웠다. 매월 받은 70만원의 소득으로 병원비, 우유값, 간식비, 월세에 융자금 이자 갚기도 버거워하고 있었다. 나는 그해 4월 12일 부산일보 사회면 '사랑의 징검다리'에 그녀의 사연을 올렸다. 물론 그녀의 동의가 있었기에 가능한 일이었다.

'사랑의 징검다리'는 사회복지공동모금회에서 지역신문인 부산일보에 어려운 이웃을 돕기 위해 마련한 지면이다. 매주 사회복지공무원들이 어려운 사연을 올리면 시민들이 글을 읽고 모금계좌로 이웃돕기 성금을 후원하는 방식이다.

〈홀로 아들을 키우는 미혼모 영희 씨〉의 사연은 세월호 사건과 시기가 맞물렸다. 전 국민이 애도하고 가슴 아파하던 고통의 시간이었다. 영희 씨의 사연이 그저 묻히는 기사가 될까 봐 나는 가슴 졸였다. 전 국민이 슬픔에 잠긴 어두운 날임에도 173명이 응답했고, 550만 원이라는 적지 않은 사랑이 모금되었다. 영희는 얼굴도 모르는 사람들의 도움을 받고 얼떨떨했다. 피 한 방울 섞이지 않은 타인에게 처음으로 가족의 정(情)을 느꼈다고 한다.

모금액은 아이 양육비와 주거비로 저축되었다. 정서적으로 발달 지연이 있던 꼬맹이는 드림스타트사업과 연계하여 놀이치료를 시작했고, 후원자로부터 동화책도 오십 권이나 기증받았다. 영희는 신용회복위원회에 개인회생을 신청하여 매월 조금씩 부채를 상환할 수 있게 되었다. 자신처럼 어려운 이웃을 돕고 싶다며 사이버로 사회복지공부도 시작했다.

간간이 소식을 전해주던 영희는 마침내 사회복지사 자격증을 따고 자신을 도와준 미혼모 시설에 사회복지사로 취업했다. 그녀의 프로필 사진을 눌러보니 아들이 어느새 자라 자전거를 탈 나이가 되어 있었다. 키도 어느새 엄마만큼이나 자랐다. 그녀의 선택은 옳았다. 아이가 있어 버틸 수 있었다던 그녀의 세상은 온통 아들이 자라는 모습으로 가득 차 있었다.

사진 속 모자(母子)는 평범하고 행복해 보였다. 이제는 여유를 찾았는지 잠시 스쳐간 인연에게 안부를 전해 오기도 한다. 나는 길고 긴 밤을 잘 살아내는 사람들이 있어 또다시 힘을 얻는다.

지금도 매주 금요일이면 부산일보 8면에는 어김없이 어려운 이웃들의 안타까운 사연이 올라온다. 아픈 아들을 간병하는 할머니, 고시원에서 아이를 키우는 가장, 자폐아를 혼자 돌보는 엄마, 작은 방 한 칸이 절실한 실직자. 삶의 응원이 필요한 이웃들에게 우리가 놓는 조그만 사랑의 징검다리가 커다란 생명다리가 될 것이라 믿어 본다.

다시 만난 생명

아이가 지금처럼 건강하게 자라기를
두 손 모아 기도해본다.

아동학대에 대한 사회적 관심이 부쩍 높아졌다. 어린 생명들이 무심한 어른들에게 방임되고 학대당하고 목숨을 잃었다. 긴장한 정부는 촘촘한 아동보호망 구축을 위해 구·군 단위로 아동학대예방 전담 부서를 신설했다. 전담 요원들은 24

시간 전화와 대면상담으로 아동학대 사각지대 해소에 주력하고 있다.

한부모 가구와 장애아동 양육가구에 대한 전수조사가 계속되고 있다. 전입한 위기 가구에 대해 동행정복지센터에서는 실태조사를 하고 구청으로 결과를 보고한다. 이제 우리 모두는 신고의무자가 되었다.

최근 부자(父子)가정이 전입해 왔다. 가정방문을 나가야 하는 신규 직원은 고민을 한다. 젊은 남자가 사는 집에 여직원 혼자 보낼 수 없어 나는 운전기사를 자처했다.

가정방문 전에 담당자가 쪽지로 인적사항을 보내왔다. 사전에 대상자의 정보를 확인한다. 박주환. 익숙한 이름이다. 담당자에게 혹시 인근동에서 전입오지 않았냐고 물으니 그렇다고 한다. 내가 기억하는 그 사람이었다.

2019년 봄이었다. 그 해 나는 구청에서 기초수급 업무를 담당하고 있었다. 민원인이 동에 수급신청을 하면 구청으로 이관된다. 전국분 재산조회와 금융조회, 주택공사의 주거 확인이 끝나면, 담당자가 가정방문 후 수급 여부를 결정한다. 통상 한 달 가량의 시간이 소요된다.

수급신청한 지 한 주도 지나지 않아 젊은 남자로부터 다급한 전화를 받았다. 수급책정을 서둘러 달라는 부탁이었다. 업무처리절차를 안내했으나 자신의 다급한 사정을 하소연한다. 급한 대로 가정방문부터 하기로 약속을 잡고 전화를 끊었다. 동에서 작성한 초기상담 기록지를 찬찬히 살펴보았다.

젊은 아빠와 갓 출생한 아이. 수급신청 직전, 아내는 세상을 떠났다. 출산한 지 2개월만이었다. 그녀는 딸아이를 낳다가 뇌출혈로 쓰러졌다. 중환자실로 옮겨져 응급 개두술(開頭術)을 받았지만, 끝내 깨어나지 못했다. 제 속으로 난 생명의 얼굴조차 보지 못하고 짧은 생을 마감했다.

젊은 아빠는 아내를 잃고 갓 태어난 딸아이를 키우고 있었다. 아이를 키워본 부모들은 안다. 두 달된 아이가 얼마나 많은 손길을 필요로 하는지. 시간 맞춰 우유를 먹여야 하고 제때 기저귀도 갈아야 한다. 예방접종 시기에 병원도 가야 한다. 그 많은 일들을 남겨진 아빠 혼자 감당해야 하는 것이다.

쓸쓸한 복도식 아파트에 도착했다. 약속시간 5분 전이었다.

혹시 아기가 깰까봐 조심스레 노크를 했다. 안에서 응답이 없다. 하는 수 없이 벨을 눌렀다. 여전히 응답이 없다. 오전에도 확인 전화를 했는데 슬며시 걱정이 되었다. 다시 벨을 눌렀다. 집안이 조용하다. 철문을 두드려도, 창문을 노크해도 여전히 묵묵부답이다.

회색빛 철문을 등지고 수차례 전화를 걸었다. 신호는 가는데 받지 않는다. 등골이 서늘했다. 아내 초상을 치른 사람이 고작 두 달 된 아기를 데리고 어딜 갔단 말인가. 외출하지 않겠다고 해서 급하게 정한 약속이었다.

해당 동(洞) 복지담당자에게 전화를 했다. 담당자의 전화도 받지 않는다며 걱정을 한다. 신청서에 적힌 부친 연락처로 전화를 했다. 부친의 전화도 안 받는다고 했다. 구청서 직원이 온다는 사실을 부친도 들어 알고 있다고 했다. 외출하지 않았을 거라고만 한다. 계속 전화를 부탁드리고 관리실로 달려갔다. 경비 아저씨는 주민들이 들고나는 일까지는 모르겠다고 단박에 선을 그었다.

두 시간은 족히 지난 것 같다. 나는 어느새 얼굴도 모르는 사람을 위해 기도하고 있었다. 경찰서에 신고를 고민하며 복도를 서성이는데 '덜컥' 하고 문이 열렸다. 젊은 남자는 얼굴이 퉁퉁 부어 있었다. 밤새 아이를 돌보느라 오전에 기절하다시피 잤다고 했다. 시간이 이렇게 된 줄 몰랐다며 미안해했다. 여러 사람의 전화가 그를 깊은 잠에서 깨운 듯했다.

내색은 안했지만 그저 살아있어 고마웠다. 극단적인 일이 생기지 않았음에 감사하며 가슴을 쓸어내렸다. 불 꺼진 방은 기저귀가 흩어져 있었으며 어수선했다. 조그만 아기는 흔들의자에 파묻혀 세상모르게 자고 있었다. 남자는 정신이 없다며 내내 미안해했다. 기초생활수급자로 선정하기 위해 물어야 할 것들을 묻고 도울 수 있는 일들을 안내했다. 갓난아이 때문에 아무 일도 할 수가 없다고 눈물을 뚝뚝 흘렸다. 급하게 긴급지원담당자에게 연락해 수급책정 때까지 긴급생계비를 지급키로 결정했다. 나는 전산자료가 오자마자 서둘러 기초생활수급자로 책정했다.

한참을 잊고 지냈다. 언론에서 게임에 빠진 젊은 아빠가 아기를 방치했다거나, 누군가 생활고로 아이와 극단적인 선택을 했다는 소식을 들을 때면 그를 생각했다. 그저 잘 살아주기를, 잘 살아내기를 마음으로 응원할 뿐이었다.

그 남자를 이렇게 다시 만날 줄은 꿈에도 몰랐다. 아이가 얼마나 자랐을지 궁금했다. 명절에 들어온 이웃돕기 성품을 살뜰히 챙겨 담당직원과 함께 산동네 아파트로 향했다. 아이가 어린이집에서 돌아올 시간에 일부러 맞춰 갔다.

아파트 입구를 들어서자 '까르르륵, 크크크' 여자아이의 청량한 웃음소리가 귓가를 간지럽힌다. 아이 아빠는 이삿짐 정리를 아직 못했다며 어질러진 집안을 미안해했다. 나는 단번에 그를 알아보았다. 그 때는 풋풋한 청년의 모습이었는데 지금은 제법 아저씨 티가 난다. 얼굴도 많이 그을렸고 삶의 고단함이 얼굴에 고스란히 묻어났다.

마스크로 얼굴을 가리고 눈만 드러낸 나는 혼자만의 반가움에 남자에게 나를 기억하는지 물었다. 상대방이 몹시 당황했다. 한참을 생각하더니 혹시, 남구청……. 하며 말끝을 흐린다. 나는 당시 조사 담당자였음을 밝혔다.

그 때는 너무 정신이 없어 미안했노라고 그는 다시 사과를 한다. 나는 아이가 아빠를 똑 닮았다며 말머리를 돌렸다. 아이는 배가 고팠는지 선물로 가져간 조미 김을 저 혼자서 까먹고 있다. 대견하고 안쓰러웠다. 내 자식도 아니고 내 손녀도 아닌데 왜 그리도 보기가 좋던지.

전입 사유가 궁금했다. 아이 교육을 위해 부모님이 사시는 동네로 이사 왔다고 한다. 아이와 둘이 있으니, 딸아이가 심심해해서 어린이집도 보냈다고 했다. 잘했다고 칭찬해 주었다. 아이도 친구들과 사귀면 정서 발달에 도움이 될 것이다.

지금 필요한 게 뭐냐고 물었더니 밑반찬 지원을 받고 싶다고 한다. 복지관 과장님께 바로 전화를 했다. 사정을 설명했더니 가정방문 후 반찬지원을 약속했다. 일상의 안부를 묻고 아이를 살펴보고 상담을 정리했다.

밖으로 나오니 시원한 산바람이 더위를 식혀준다. 인연은 흐르고 흘러 뜻밖의 만남을 선물하기도 한다. 다시 만난 소중한 생명이다. 예쁜 아이가 지금처럼 건강하게 자라기를 두 손 모아 기도해 본다.

행복을 굽는 아이

퇴근길에 빵집에 들러 딸들이 좋아하는

행복한 빵을 사야겠다.

나는 아이들의 드림지기가 되었다. 사회복지공무원으로 일하면서 2009년 그 해를 잊을 수 없다. '드림스타트'라는 시범사업에 차출되어 근무하게 되었다. 드림스타트사업은 저소득가정의 아동들에게 가난을 대물림하지 않겠다는 목적으로 시작된 아동복지 시범사업이다. 익숙한 공무원생활과는 다른 색다른 경험이라 즐거웠다.

저소득가정의 아동에게 복지·보육·건강의 통합서비스를 제공하기 위해 사회복지사, 보육교사, 간호사 등 분야별 전문 인력도 기간제로 별도 채용되었다.

전담인력 선생님들은 자기가 맡은 사례관리대상 아동을 진심으로 아껴주었다. 학업 욕구가 있는 아이들에게는 학원과 학습지를 연계하고, 영양 결핍과 비만 아동에게는 한방 진료를, 치아 때문에 고민하는 아동에게는 치과 진료를, 시력 약화로 고생하는 아이들에게는 안경 지원을, 심리적 치료가 필요한 아동에게는 정신보건센터와 멘토를 연결시켜 주었다.

그렇게 만난 드림친구들 중 한 명이 은혜였다. 은혜는 농(聾) 아동이었다. 인공와우 수술을 한 후 인공달팽이관에 의존해 세상과 소통하는 아이였다. 농인(聾人) 중에는 그나마 구화(口話)능력이 뛰어난 편이나 청인(聽人)의 입장에서는 은혜의 발음을 알아듣기가 어려웠다. 은혜네는 한부모 가정으로 선정되어 국가 지원을 받고 있었다. 은혜의 아빠는 사업 실패로 술만 마시다

간경화로 세상을 떠났다. 엄마는 가장으로 가족의 생계를 책임져야 했고, 고령의 외조모가 은혜와 오빠의 양육을 도맡아 했다. 은혜를 담당하던 선생님이 의사소통에 대한 고충을 의논해서 아동의 통합사례관리를 함께 진행하게 되었다. 개인적으로 농인들과는 오랜 시간 친분을 유지해 오고 있어서 은혜에게 유독 눈길이 간 것도 사실이었다.

일반학교 특수반에서 통합교육을 받던 은혜는 조용하고 내성적이며 말수가 적은 편이었다. 대부분 청인 부모는 농아동이 인공와우 수술을 받기만 하면 잘 들을 수 있으리라 기대한다. 특수학교가 아닌 일반학교를 다닐 수 있다는 사실만으로 내심 만족해하기도 한다.

은혜는 학교 내에서도 내성적인 아이였지만, 집에서도 그다지 밝은 모습을 보이지 못하고 있었다. 외할머니는 언제나 은혜를 걱정하시지만 실제적인 언어치료나 학업에 도움을 주지 못하는 형편이었다. 엄마는 이른 아침부터 저녁까지 일해야 했고, 오빠는 말이 통하지 않는 동생과 대화를 나누지 못하는 서먹한 관계였다.

은혜를 드림아카데미와 토요일 프로그램에 참여시켜 매주 얼굴을 익혔다. 은혜는 내가 수어통역사라는 사실에 호감을 보였다. 은혜와 마음 거리가 조금씩 좁혀지고 있었다. 수어를 궁금해 하는 은혜를 위해 주 1회 드림스타트센터에서 수어를 직접 가르쳤다. 초등학교 6학년이던 은혜는 사춘기에 접어들면서 외모에 관심이 많았다. 비만을 고민하는 은혜에게 한의원과 연계하여 한방치료와 식이요법도 도움을 주었다. 은혜는 아동복지 맞춤형 통합서비스 제공의 좋은 사례였다.

어른들에 비해 아이들은 쉽게 마음의 변화가 일어난다. 은혜는 모든 프로그램에 참여하면서 밝아졌다. 특히 관심을 보인 수어교육은 여름방학 내내 단 한 번의 결석도 하지 않는 열성을 보였다. 어른이 되어 자연스레 농인사회에 접근하려면 수어는 기본적으로 습득해 두어야 한다는 사실을 은혜는 누구보다 잘 알고 있었다. 매주 은혜와의 만남은 즐겁고 행복한 시간이었다.

수어가 재미있다며 열심히 배우던 은혜에게 그 해 겨울 실력을 발휘할 좋은 기회가 찾아왔다. 드림스타트사업 성과보고

회 연말공연에 특별순서로 수어노래를 넣었다. 가을이 접어들고 찬바람 부는 겨울까지 수어노래와 내레이션을 위해 은혜는 꾸준하게 드림스타트센터를 방문했다. 우리는 저녁마다 자장면도 먹고, 탕수육도 먹고, 집으로 함께 걸어가면서 그렇게 서로에게 스며들었다.

드디어 공연날이 되었다. 예쁜 단화를 신고 나타난 은혜는 엄마가 새 신발을 사줬다며 무척이나 좋아했다. 멘토 선생님의 꽃다발과 포옹세례를 받으며 〈거위의 꿈〉을 손말 언어로 곱게 노래했다.

> 난, 난 꿈이 있었죠. 버려지고 찢겨…….
>
> (중략)
>
> 나 웃을 그 날을 함께해요.

1절이 끝나고, 음악만 흐르는 간주 부분이 되자 은혜는 용기를 내어 마이크를 잡았다. 정확하지 못한 발음이지만 몇 개월간 연습한 대로 사람들을 향해 천천히 이야기했다.

“저.는. 파.티.셰.가. 되.고. 싶.은. 꿈.이. 있.습.니.다. 파.티.셰.가. 되.어.서. 사.람.들.에.게. 행.복.한. 빵.을. 나.눠.주.고. 싶.습.니.다.”

행사에 참석한 많은 사람이 은혜의 꿈이 이루어지도록 커다란 박수로 응원해 주었다. 앞자리에 누군가는 눈물을 훔치기도 했다. 은혜로 인해 드림스타트센터에 후원하고 싶다며 찾아온 익명의 후원자도 있었다.

은혜는 초등학교를 졸업하고 어엿한 중학생이 되었다. 드림스타트사업은 초등학교 재학생까지만 지원되는 복지사업으로, 은혜는 이듬해 자연스레 드림스타트사업 대상에서 종결되었다. 나도 인사이동으로 드림을 떠나 장애계로 자리를 옮겼다.

분주하게 일하던 어느 날, 은혜가 날 만나러 구청으로 왔다. 예쁘게 중학생 교복을 입고서. 오랜만의 만남이 얼마나 반가웠는지 모른다. 달려가 은혜의 두 손을 꼭 잡았다. “선.생.님. 고.맙.습.니.다.”라며 수줍게 웃는다. 내가 더 고마웠다. 이다음에 꼭 파티셰(Patissier)가 되어 나에게 행복한 빵을 만들어 달라는 당부도 잊지 않았다.

은혜는 꿈을 위해 제빵 관련 전문계 고교로 진학했다. 대학에서도 제과제빵을 전공했다. 현재는 푸드 관련 회사에서 제빵기사로 일하고 있다. 멋진 어른으로 자라준 은혜가 대견하고 자랑스럽다.

사람들은 살아가는 모습이 제각각이다. 그 다양함이 다수 집단과 다르다는 이유로 차별받지 않았으면 좋겠다. 부모가 가진 물질의 많고 적음이 한 아이의 미래를 바꾸는 세상이 아니길 바라며, 이 땅의 아이들이 행복해지는 따스한 세상을 꿈꾸어 본다. 오늘 저녁 퇴근길에 빵집에 들러 딸들이 좋아하는 행복한 빵을 사야겠다.

달세 솔루션

"달세 있음" 이라고 적힌 문구를 보면
딸 같은 아가씨가 생각난다.

'쿵', 굉음이 들렸다. 순식간이었다. 덩치 큰 민원 한 분이 동 행정복지센터 민원실 바닥에 쓰러졌다. 달려갔더니 입술 사이로 혀가 말리고, 허연 거품이 흘러나오고 있었다. 급하게 민원대 직원에게 119에 전화토록 하고 아저씨의 입을 열어 손수건을 치아 사이에 끼웠다. 코에 손가락을 대어 호흡을 확인했다. 다행히 숨은 쉬고 있었다. 기도 확보를 위해 목을 옆으로 비스듬히 돌렸다. 술 냄새가 코를 찌른다. 팔다리를 주물렀다. 몇 분간의 시간이 흐르자 퍼런 입술이 조금씩 붉은 기운을 회복했다. 때마침 119 구급대가 와서 민원인을 싣고 병원으로 갔다.

며칠 후 인근 아파트에 노숙자가 배회한다는 통장님의 제보에 이어 파출소에서 '기관협력 솔루션 회의'에 참석해 달라는 협조 공문을 받았다. 솔루션 회의는 위기 가구에 대한 유관 기관의 통합사례회의다. 대상자는 며칠 전 민원실에 쓰러진 그 사람이었다.

사정은 이랬다. 경기도에 살던 현우 씨는 부인과 이혼하고 부모님이 사는 부산으로 이사를 왔다. 남동생은 부모님 동의 없이 형이 일방적으로 전입신고를 했다고 한다. 노부모는 장남을 집안으로 들였지만, 아들의 지속적인 음주와 간질 발작으로 힘든 나날을 보내야 했다. 몇 개월 후 부친이 뇌출혈로 쓰러지자(아버지가 쓰러지는 순간에도 형은 술을 마시고 있었다고 한다.) 부친의 간병을 위해 모친까지 요양병원으로 따라갔다. 그 후 남동생은 현관 비밀번호를 바꾸어 버렸다. 형이 가스레인지에 물을 끓여놓고 방치하는 통에 집안에 불이 날 뻔한 적도 있어 현재는 집도 내놓은 상태라고 했다.

뜻하지 않은 현우 씨의 노숙생활이 시작되었다. 현관 비번이 바뀌었으니 집에 들어가지 못하고 여기저기서 노숙을 했다. 서면역에서 노숙하다 신고되었으나, 주소가 우리 동으로 되어 있어 번번이 주소지 파출소에서 인계받아야 했다. 여러 차례 신고가 반복되자 파출소에서 현우 씨를 설득해 보기도 했으나 술만 먹으면 허사였다.

아파트 화단에서 현우 씨를 경찰과 함께 만났다. 다행히 술은 깬 상태였다. 도움을 주기 위해 정신보건센터 직원도 동행했다. 노숙자 쉼터 입소를 안내했으나 그는 거부했다. 경기도로 돌아갈 생각은 전혀 없으며 아버지 집으로 들어가겠다고 우겼다. 아버지는 병원에 입원해 있으며, 집도 팔려고 내 놓은 상태로 집안이 비어있음을 알려주었다.

알코올 문제가 해결되지 않으면 취업도 어려운 형편이었다.

정신보건센터에서 알코올 치료 전문병원에 행정입원을 안내했다. 행정적인 절차를 밟으려면 최소 열흘 이상은 걸리는데 계속 노숙을 하게 내버려 둘 수는 없었다. 본인의 의사를 물었다. 쉼터는 가기 싫고 원룸 같은 곳에 들어가면 깨끗하게 씻고 일자리도 알아보겠다고 했다. 아파트 관리소도 혀를 내두르고 있었다. 화단에 아무렇게나 들어가 소변을 보고, 아파트 복도에서 무전취식을 하니 주민들의 항의가 빗발친다고 하소연했다.

다른 동에 있는 P 여관으로 전화를 했다. 요즘 여관들은 숙박 손님이 없어 대부분 달세를 놓는다. 몇 년 전에는 17만 원이었는데 지금은 19만 원으로 올랐다고 한다.

현우 씨에게 여관이라도 갈지를 물었다. 쉼터만 아니면 가겠다고 했다. 신분증이 있어야 일용직도 하고, 병원 입원도 하는데 주민등록증도 없단다. 술 먹고 분실했단다. 급하게 사진을 찍어 동행정복지센터에서 임시신분증을 만들고, 여관으로 갔다. 수년 전 그 모습 그대로 그곳에 여관이 자리하고 있었다. 관리인은 반갑게 맞아주었고, 301호에 숙소를 마련해 주었다.

조그만 방에는 TV와 이부자리가 놓여 있었다. 필요한 생필품을 사다 주고 한 달치 여관비를 계산했다. 현우 씨는 머리를 조아리며 일해서 갚겠다고 했지만 나는 그 말을 믿지 않는다.

그러나 부모님만 생각하면 형을 죽이고 싶다는 남동생의 고통스런 외침과 노숙자 때문에 밤이 무섭다는 아파트 주민들 때문에 나는 현우 씨를 도와야만 했다. 간단하게 짐을 챙기고, 여관 소재지 동행정복지센터로 가서 전입신고를 했다. 주소를 옮기지 않으면 동생이 형을 말소시키겠다고 엄포를 놓았기 때문이다. 담당 사회복지공무원을 불러 상황을 설명하고 수급자 신청과 의료비신청 등을 당부하고 돌아왔다. 현우 씨는 현재 알코올전문병원에서 재활치료 중이다.

오랜만에 여관에 다녀오니 몇 해 전 만났던 희영 씨 생각이 났다. 20대였던 그 아가씨는 해운대에 거주하다 룸메이트랑 싸우고 싸고 싼 방을 찾아 내가 근무하던 산동네로 이사 왔다. 주소지는 M 여인숙. 이사 오던 첫 날부터 여관방으로 찾아가 희영 씨를 설득했다. 삼십 년도 넘은 그 여인숙은 옆방, 앞방, 뒷방이 모두 술독에 빠져 사는 남자들의 소굴이었다. 주인 할머니께 따지듯 물었다. 어떻게 젊은 아가씨에게 달세를 주냐고. 할머니는 목구멍이 포도청이라는 말로 내 입을 닫게 만들었다. 허름한 복도식 건물. 얇은 벽과 출입구 방문에 설치된 오래된 나무문짝. 제 방 열쇠로 단단히 잠근다 한들 위험에 노출되기는 불 보듯 뻔했다. 수십 명의 남자들 속에 앳된 여성 한 명과 나이든 주인 할머니. 참으로 걱정스런 공간이었다.

처음 희영 씨의 반응은 싸늘했다. 담당공무원이 생계비나 주면 되지, 자신의 주거지까지 감 놔라 대추 놔라 하냐며 퉁명스레 말했다. 고아로 자란 희영 씨는 잔소리해 줄 부모님과 어른이 없었다. 나는 주인 할머니에게 아가씨의 안부를 부탁하고 돌아서야 했다. 다 큰 성인이 자신의 인생을 선택하겠다는데 제삼자인 내가 뭐라 하겠는가.

3일이었다. 여관에 들어간 지 겨우 3일 만에 희영 씨는 백기를 들고 내게로 달려왔다. 밤마다 이상한 아저씨들이 방문을 두드리는 통에 잠을 잘 수 없다고 펑펑 울었다. 왜 이런 곳으로 왔냐고 나무라고 싶었지만 참았다. 차분한 목소리로 다시 이사 갈 생각이 있냐고 물었다. 돈은 없지만 도와 주면 다른 곳을 가고 싶다고 했다.

구청으로 급하게 위기대상 사례관리 문건을 올렸다. 구청에서 담당자가 사실조사를 나왔다. 긴급주거급여를 확보하고 이사할 집부터 구했다. 열흘 남짓한 시간 동안 나는 매일 그녀의 생사와 안부를 확인해야 했다.

다행히 주거비 지원으로 이사할 방이 생겼고, 관내 이삿짐센터의 후원으로 이사 온 지 한 달도 되지 않아 다른 곳으로 도망가듯 이사를 갔다. 희영 씨는 떠나면서 편지 한 통을 내게 남겼다.

"선생님, 친엄마같이 염려해 주셔서 고맙습니다. 어디 가든 몸조심하며 열심히 살겠습니다." 그녀와의 짧은 만남은 그렇게 끝이 났다.

길을 가다 여인숙 간판에 "달세 있음"이라고 적힌 문구를 보면 늦은 밤 방문 고리를 잡고 마음 졸였을 딸 같은 아가씨가 생각난다.

그리운 얼굴

행복지킴이들이 넘쳐나는 따뜻한 세상을 꿈꾸어 본다.

올해도 여지없이 둥그런 보름달이 가을하늘에 무심하게 떠오른다. 모자라지도 넘치지도 않고 딱 자기 그릇만큼만 채워내는 보름달. 그 속에 동그란 눈과 동그란 입술을 한 얼굴 하나 단단히 박혀 있다.

공직생활 중에 기억나는 선배 한 명을 꼽으라면 나는 주저

없이 강 계장 님을 지목할 것이다. 그녀의 나이에 가까울수록 그녀의 열정이 그리워진다.

1990년도에 주민등록 업무를 한 직원이라면 누구라도 그녀를 기억하리라. 걸어 다니는 법전. 주민등록 질답은행. 철두철미한 업무처리능력. 누가 무슨 질문을 해도 답변이 되었던 그녀를 혹자는 부담으로, 혹자는 스승으로 기억할 것이다.

1984년 지방행정서기보로 최초 임명되었던 그녀는 2012년 원치 않은 질병으로 명예퇴직하기까지 공직자로서 놀라운 열정과 성과를 보여주었다.

1998년 기획실 근무 당시, 이현세 만화가를 섭외하여 유엔참전국 16개국 트로피를 제작하여 홍보하였는데, 지금 출시해도 손색없는 멋진 유엔기념 굿즈(상품)다.

그녀는 2004년 감만2동 사무장으로 일하면서 지역주민과 직원들의 마음을 모아 새빛기독보육원에 봉사활동을 시작했는데, 나 역시 인근에 근무하던 인연으로 2006년부터 8년 가량 그녀와 매주 목욕봉사를 한 기억이 있다.

정신없이 아이들을 씻겨내고, 머리를 말리고, 시원한 요구

르트 하나 마실 때면 세상 행복 다 가진 것만 같았다. 목욕탕에서도 아이들은 언제나 그녀를 졸졸 따라다녔다. 다른 봉사자들이 젊음으로 호소하고, 미모로 유혹해도 아이들은 그녀에게만 몰려들었다. 아이들에게 그녀는 유일한 엄마였고, 행복지킴이였다.

그녀가 떠난 지금도 매주 금요일이면 동네 어느 목욕탕에서 그녀를 닮은 직원들이 봉사활동을 이어오고 있으니 이 또한 감사할 일이 아닐 수 없다.

그즈음 그녀는 유방암 발병으로 힘든 시간을 보내었으나, 누구에게도 내색하지 않았다. 그녀는 누구보다 뜨겁게 사랑하고 열심히 일했다.

그렇게 5년의 시간이 흐른 2009년. 그녀는 철저한 자기관리와 식이요법으로 유방암 완치판정을 받았으며, 우리는 단골이었던 곱창집에서 그녀의 서울대(병원) 졸업을 왁자지껄하게 축하해 주었다.

주민지원과 서비스연계담당으로 지역사회 자원개발과 이웃나눔사업에 다양한 아이디어를 제공하였고, 저소득층 아동에게 교복지원 사업을 추진하는 등 복지 업무에 남다른 성과를 이루기도 했다. 2012년 다른 부위에 암이 재발하기 전까지 그녀가 보여준 열정은 후배들의 귀감이 되고도 남음이 있다.

증상 악화로 급박하게 2차 수술이 진행되었고, 3개월의 치료기간 중에도 건강하게 복귀해서 후배들과 일하고 싶다고 입버릇처럼 말하곤 했다.

본인의 강력한 의지로 3개월 만에 업무에 복귀했으나 컨디션 회복이 쉽지 않았고, 하나뿐인 아들의 간곡한 만류와 부탁으로 2012년 10월 그녀는 결국 명예퇴직을 선택해야만 했다.

퇴직 후에도 평화지킴이봉사대와 새빛기독보육원 봉사활동을 활발히 이어갔으며, 간간이 후배들을 불러 따끈한 밥 한끼 나누는 일도 잊지 않았다. 그렇게 우리 곁에 오래도록 함께할 줄 알았던 그녀는 2016년 1월. 몹시도 추운 어느 날, 곧 태어날 손녀의 얼굴도 보지 못하고 57년의 생을 아쉽게 마무리했다.

일을 할 때면 장정 두 사람 몫은 너끈히 해치울 만큼 추진력과 카리스마가 넘쳤으나, 사석에서는 그녀도 천생 여자였다. 자신의 손으로 고슬고슬한 밥 한끼 대접하는 게 취미였던 그녀의 집밥을 안 먹어 본 사람은 있어도 한 번만 먹어본 이는 없을 것이다. 따스하게 지은 햇살 가득 잡곡밥에 손수 다듬은 나물과 김치로 뚝딱 차려낸 가정식 백반 한상이 그립기만 하다.

어느 해 겨울인가, 모친이 아파 김장은 엄두조차 못 내던 후배에게, 아파트 주차장에 들러 김장박스 하나를 무심히 안겨주고 돌아서던 그녀의 뒷모습을 나는 생생히 기억한다.

사람은 살다 간 흔적이 아름다워야 그리워지는 법이다. 나눔과 지킴으로 평생을 살다 간 그녀야말로 진짜 아름다운 인생이 아니었을까.

그녀를 닮은 행복지킴이들이 넘쳐나는 따뜻한 세상을 꿈꾸어 본다.

3부
우리를 봅니다

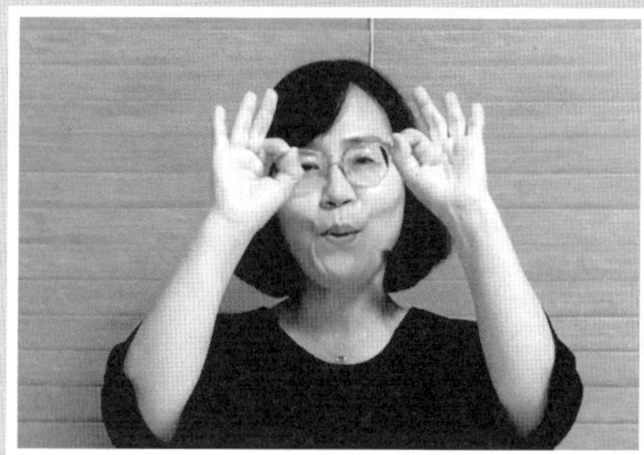

수어통역사인 나는 수어교원자격증 공부를 새롭게 시작했다. 코로나 덕분에 비대면 수업을 5개월이나 들어야 했다. 매주 토요일마다 여덟 시간씩 노트북으로 수어를 보고 있으면 눈이 아파 실핏줄이 터질 지경이다. 귀를 닫고 눈을 열고 시각언어에 오롯이 집중한다. 농인 선생님의 강의에서 잠시도 눈을 뗄 수가 없다. 수어에 있어서는 내가 장애인이고 보는 게 부족한 사람이었다.

- 〈나는 보리〉 중에서

나는 보리

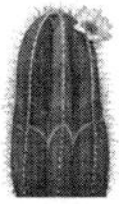

나는 매일 사람을 만나고
그들의 말을 듣고 그들의 삶을 본다.

다시 불면(不眠)의 밤이다. 낯선 갱년기를 온몸으로 겪어내고 있다. 시도 때도 없이 열이 올라 얼굴이 화끈거린다. 조울(躁鬱)의 감정이 하루에 몇 번씩 가슴을 일렁이게 한다. 새벽 2시. 잠자기를 포기하고 TV를 켠다. 이리저리 채널을 바꿔보지만 온통 홈쇼핑 방송뿐이다. 최신 영화로 리모컨을 돌린다.

〈나는 보리〉

영화 포스터는 푸른 어촌마을 풍경과 소녀의 눈부신 웃음을 포근하게 담고 있었다. 나는 홀린 듯 결제했다. 영화가 시작되자 이내 주문진 앞바다가 파랗게 펼쳐진다. 카메라 속으로 열한 살 소녀가 성큼성큼 걸어 들어온다. 이름은 보리. 코다(CODA, 농인 부모를 둔 청인 자녀)다.

보리는 집에서 유일하게 들을 수 있다. 자장면을 주문하는 것도, 이른 새벽 배 타러 나가는 아빠를 배웅하는 일도, 시골행 버스표 예매도 모두 초등학생인 보리의 몫이다.

부모님과 남동생은 농인(聾人)이라 능숙한 수어로 의사를 표현한다. 보리는 말을 하고 들을 수 있지만 수어는 아직 서툴다. 보리는 가족들 속에서 외로움을 느낀다. 매일 아침 학교 가는 길에 하늘색 지붕의 산사에 들러 기도를 한다. '저도 소리를 잃게 해주세요.'

온전한 가족의 구성원이 되고 싶은 보리는 이어폰을 끼고 귀청이 터지도록 커다랗게 음악을 듣는다. 세면대에 물을 받아 귀가 잠기도록 숨을 참는다. 다큐멘터리 프로그램을 보다 나이든 해녀가 난청인 걸 알고 무작정 바다에 뛰어들기도 한다.

병원에서 깨어난 보리는 여전히 소리가 들렸지만 일부러 들리지 않는 척한다. 그 때부터 보리는 더 많은 소리를 들어야 했다. 농인 행세를 하며 사람들의 경솔함을 본다. 해서는 안 될 말을 함부로 하고, 정작 해야 할 말은 침묵하는 사람들 속에서 보리는 한 뼘 더 성장한다.

아침마다 지나는 골목길 슈퍼 아줌마는 등교하는 아이의 등 뒤에 대고 보리마저 못 듣게 되었다며 보리네 가족을 걱정한다. 친구들은 담임 선생님의 지시라며 거짓말로 보리에게 화장실 청소를 시키기도 한다. 엄마랑 같이 간 옷가게에서 주인은 모녀가 농인인 걸 알고 큰 소리로 옆에 있는 판매원에게 몇 천원 더 받으라고 종용한다.

그날 밤 보리는 부모님께 수어로 묻는다. 듣지 못해 슬프지 않은지, 남동생이 듣지 못해도 괜찮은지를. 엄마아빠는 미소로 대답한다. 들을 수 있어도, 듣지 못해도 가족이니까 괜찮다고. 그러고는 보리를 꽉 안아준다. 보리는 울면서 자신이 들을 수 있음을 고백한다. 세상과의 소통은 다시 보리의 몫이 된다. 영화의 마지막 장면은 보리가 씩씩하게 등교하는 모습으로 끝을 맺는다. 영화를 보며 참 단단한 가정이라는 느낌을 받았다.

나는 보는(seeing) 사람들에게 음성언어를 시각언어로 전달해 주는 수어통역사다. 농인은 듣지 못하지만 보는 사람이다. 그리고 나는 듣는 사람이다. 수어통역을 하며 종종 농인으로 오해받는 경우가 있다.

파랗게 풋풋했던 어느 따스한 봄날. 입원한 농인 친구의 병원통역을 도와주고 지하철을 탔다. 함께 간 일행들이 다 내리고 농인 형제와 단둘이 남게 되었다. 우리는 수어로 일상의 대화를 나누었다. 반대편에 앉아 있던 아주머니 한 분이 혀를 끌끌 차면서 하는 말이 지하철 한 칸을 채울 만큼 커다랗게 들렸다.

"아이고, 젊은이들이 이쁘장하게 생겼는데 말을 못하네그려."

원치 않게 사람들의 시선을 한몸에 받게 되었다. 보는 사람인 농인 친구는 옆자리에 앉아 나를 보며 해맑게 웃었다. 듣는 사람인 나는 당황했지만 못 들은 척해야 했다. 때로는 불필요한 말을 듣지 않아도 되는 그들이 부러울 때가 있다. 신나게 수다를 떨던 농인은 몇 정거장 지난 후에 내렸다. 혼자 남은 나는 하차할 역이 다가오기만 기다렸다. 드디어 안내방송이 들렸다. "다음 내리실 곳은 문현역, 문현역입니다. 내리실 분들은……." 나는 방송이 끝나기도 전에 벌떡 일어섰다.

출구 문으로 향하면서 반대편에 앉은 아주머니와 시선이 마주쳤다. 아주머니의 동공이 잠시 흔들렸다. 듣지도 못하는 아가씨가 안내방송과 동시에 일어서니 내심 혼란스러우신 듯했다. 나는 그분이 민망하지 않도록 농인인 채로 승강장에 조용히 내렸다.

인디언의 속담에 "그 사람의 신발을 신고 오랫동안 걸어보기 전까지는 그 사람을 판단하지 말라."는 말이 있다. 상대방의 입장이 되기 전에는 함부로 그 사람을 평가하거나 비난하지 말라는 뜻이다. 타인을 이해하려면 직접 그 사람의 입장이 되어보는 수밖에 없다.

2016년 한국수어언어법(수어법)이 제정되었다. 우리나라도 한국어 이외에 한국수어가 공용어로 인정받게 되었다. 수어 통역사인 나는 수어교원자격증 공부를 새롭게 시작했다. 코로나 덕분에 비대면 수업을 5개월이나 들어야 했다. 매주 토요일마다 여덟 시간씩 노트북으로 수어를 보고 있으면 눈이 아파 실핏줄이 터질 지경이다. 귀를 닫고 눈을 열고 시각언어에 오롯이 집중한다. 농인 선생님의 강의에서 잠시도 눈을 뗄 수가 없다. 수어에 있어서는 내가 장애인이고 보는 게 부족한 사람이었다.

농인은 듣지 못하지만 참 예쁜 귀를 가졌다. 농인은 사람의 마음을 깊게 헤아리는 맑고 깊은 눈빛도 가졌다.

나는 매일 사람을 만나고 그들의 말을 듣고 그들의 삶을 본다. 눈으로 보아도, 귀로 들어도 왜곡되지 않은 바른 시선으로 사람을 바라보는 좋은 이웃이 되고 싶다.

휠체어와 선인장

사람 때문에 울고 웃는 나는 천생 사회복지사인가 보다.

집중호우로 연일 물 폭탄이 쏟아지고 있다. 산사태 발생으로 여기저기 토사가 흘러내린다. 옹벽이 무너진 산동네 주민들은 밤마다 가슴을 쓸어내리며 불면의 밤을 보내고 있다. 나는 계속되는 비상근무와 복구지원 업무로 바닥난 체력을 정신력으로 버텨내는 중이다.

따르르릉. 따르르릉. 출근하자마자 울리는 전화. 반가울 리 없다.

"감사합니다. 우암동 조영주입니다." 매뉴얼로 훈련된 멘트를 긴장하며 내뱉는다.

"비도 많이 오는데 우째 지내는기요?" 투박한 중년 남자의 목소리에 찐득한 정감이 묻어 있다. 낯설지 않은 목소리다. 머리를 짜내어서라도 그를 기억해내야 한다. 잠시 침묵의 시간이 흘렀다. 나는 익숙한 사투리의 끄트머리를 기억의 방에서 겨우 소환해 냈다.

"아이고, 박 선생님. 잘 지내십니까?" 나는 그제야 긴장을 풀고 안부를 묻는다.

박상근. 장애의 정도가 심한 지체장애인이다. 나는 그를 박 선생님이라고 불렀다. 교통사고로 장애인이 된 그를 만난 건 2012년 어느 무더운 여름날이었다.

문현동 산동네는 골목마다 비슷한 모양의 집들이 벽을 기대고 붙어있다. 좁다란 골목을 돌아 막다른 길에 다다랐다. 주소를 재확인하고 대문도 없는 다세대 주택으로 조심스레 들어섰다. 입구 첫 번째 방 앞에 휠체어 한 대가 제 주인의 방임을 알려주었다.

문을 여니 한 사람이 겨우 드나들 정도로 좁은 재래식 부엌과 두어 걸음 돌계단 위의 안방이 마주하고 있었다. 50대 후반으로 보이는 부부는 사람 좋은 얼굴을 하고 반겨주었다. 아주머니는 상담하는 내내 남편의 불편한 다리를 쉬지 않고 주물렀다.

나는 근무지를 옮길 때마다 기초생활수급자 가정을 방문한다. 복지담당자가 바뀌었다는 인사를 겸해 생활실태를 파악하기 위해서다. 그렇게 몇 집을 돌다 들른 곳이 박 선생님 집이었다. 부부는 첫 결혼에 실패하고 각자의 자녀들을 홀로 양육하다 장애인 봉사모임에서 만났다. 자주 스치면서 서로의 사정을 들어주다 정이 들었다. 어렵게 결정한 재혼을 양가 자녀들은 결사적으로 반대했다. 고등학교를 졸업한 자녀들은 하나둘씩 집을 나갔고 자연스레 왕래가 끊어졌다고 한다. 이제는 남보다 못한 관계가 되었다고 씁쓸하게 자책하던 부부의 모습이 눈에 선하다.

아내는 다리가 불편한 남편 때문에 일하러 가지도 못한다. 그녀는 왜 걷지도 못하는 사람을 만나서 십 년도 넘게 함께 살고 있는지 자신도 잘 모르겠다며 수줍어했다.

그 해 구청에서 연례적으로 추진하는 수급자 확인조사가 있었다. 부부의 유일한 수입원인 생계 급여가 연락도 닿지 않는 자녀들 때문에 줄어들게 되었다. 생활고를 호소하는 그들의 이야기를 들으면서 부양의무자 기준이 철폐되어야 하는 이유를 다시금 공감하게 되었다. 해마다 지침이 개정되면서 이제는 부양의무자 기준도 많이 완화되었다. 가족관계 단절에 대한 심의로 권리 구제가 적극 시행 중이다.

부부가 사는 곳은 슬레이트 지붕으로 여름이면 더위를, 겨울이면 추위를 걱정해야 할 만큼 열악했다. 거취를 고민하는 그들에게 영구임대아파트 입주를 안내했다. 꼬박 십 개월을 기다린 끝에 화명동에 있는 주공아파트로 이사를 가게 되었다.

살던 곳을 떠나면서 잊지 않고 동행정복지센터에 들러주었다. 선물이라며 자신들이 키우던 선인장을 내 책상 위에 올려두고 갔다. 수급자의 전출입은 너무도 익숙하고 빈번한 업무라 나는 그들을 잊었다. 몇 달 후 아내로부터 전화가 왔다. 아파트가 따뜻하고 물도 잘 나와 살기가 편리하다고 했다. 다행이라고 대답했다. 다 좋은데 문현동 선생님을 보지 못해 남편이 서운해 한다고 했다. 늘 그렇듯 인사치레라 넘기고 전화를 끊었다. 정기적인 인사철에 나는 구청으로 발령받아 문현동을 떠났다.

일 년쯤 지났을까. 가을 햇살이 보드랍던 어느 날 부부가 구청으로 찾아왔다. 그저 얼굴이 보고 싶어 왔다고 했다. 화명동에서 대연동이면 거리가 얼마인데 휠체어를 타고, 휠체어를 밀고, 지하철로 그 먼 길을 왔을까. 부부의 얼굴은 다행히도 밝아 보였다. 아파트에 사니 편안하고 좋다며 고마워했다. 그렇게 짧은 만남을 뒤로하고 부부는 다시 먼 길을 돌아 화명동 자신의 집으로 갔다.

그 후로도 해마다 한두 번쯤 전화를 받았다. 어느 날은 꿈속에서 내가 보였다며, 어느 날은 남구로 다시 이사 오고 싶다며, 어느 날은 장애인복지시책을 문의한다며 쑥스러운 듯 전화를 했다. 내가 그리워 괜한 구실을 찾는 그들의 모습이 선연히 보였다.

몇 해 전, 글로벌교육 십 개월 여정이 끝난 후에도 제일 먼저 복귀를 축하하는 전화를 박 선생님으로부터 받았다. 12월에 돌아온다는 직원의 말을 듣고 메모까지 하면서 기다렸단다. 죽을 때까지 은혜를 잊지 않겠다고 했다.

몸도 불편한 사람이 오늘은 집 뒤에 있는 절에 다녀왔다고 자랑스레 말한다. 부처님 앞에서 내 건강을 위해 기도하고 왔단다. 나는 크리스천인데 그는 절에 가서 내 기도를 한다.

사회복지공무원으로 나는 그에게 특별한 것을 해준 적이 없다. 가끔 들러 안부를 확인하고 전화 오면 들어주고, 궁금한 것을 알려준 것밖에 없다. 그래도 부부는 항상 고맙다고 한다. 선생님 덕분이라고 한다.

다리 상태가 더 안 좋아져서 먼 길 나서지 못한다고 아쉬워한다. 건강부터 챙기시라고 했다. 다리에 힘이 생기면 다시 얼굴 보러 갈 테니 제발 아프지 말고 잘 지내라고 당부한다. 나보다 더 아픈 사람이 오히려 내 건강을 걱정하니 마음이 먹먹했다. 서로의 건강만 걱정하다 전화를 끊었다

나날이 늘어가는 복지 민원에, 선거 업무에, 코로나 방역에, 재난지원금 접수까지 더욱 분주해지는 일상을 살아내고 있다.

오늘도 나는 안부를 물어주는 어떤 이로 인해 다시금 힘을 얻는다. 사람 때문에 울고 웃는 나는 천생 사회복지사인가 보다.

석이

매서운 찬바람에 정신이 번쩍 들 때면 석이가 생각난다.

석이는 그렇게 서른일곱 해의 짧은 생을 마감했다.

시리도록 추웠던 겨울이었다. 의사선생님은 석이의 신체나이가 70대를 훌쩍 넘겼으니 뇌병변장애인으로는 천수(天壽)를 누린 것이라고 남은 유족과 친구들을 위로했다.

석이와 나는 1990년 '사랑의 캠프'라는 장애인 봉사모임에서 같은 팀원으로 만났다. 뇌성마비 중증장애인이었던 석이는 대부분의 시간을 누워 지냈다. 휠체어에 벨트를 단단히 고정하면 앉을 순 있지만 그마저도 근육강직으로 잠시뿐이었다. 24시간 간병인이 필요한 석이 옆에는 언제나 어머니와 누나가 지켜주고 있었다. 처음 만났을 때는 어눌한 그의 말투 때문에 의사소통에 어려움을 겪었다. 한참을 귀담아들다 보니 그의 말투와 특징을 이해하게 되었고, 희한하게도 다음날부터는 대화에 불편함이 없었다. 부산에서 왔다는 지역적 동질감과 같은 조원이라는 유대감이 우리를 든든하게 묶어주었는지도 모르겠다. 3박 4일이라는 짧은 캠프의 인연은 부산에 와서도 계속되었다. 매주 목요일이면 자연스레 내 발길은 석이의 집으로 향했다. 세상과 장애에 대하여 따뜻하게, 때로는 격렬하게 서로의 생각들을 나누었다.

"누나, 왜 나는 다른 사람들과 생김새가 다를까요?"

"누나, 의학이 발전되면 나도 남들처럼 걸을 수 있을까요?"

누워서만 세상을 보던 석이는 제 발로 세상을 걸어보는 것이 꿈이다. 유한(有限)이 무한(無限)을 다 담을 수 없기에 그 아이에게 생명 주신 이의 뜻을 온전히 전하지는 못했다. 그래도 석이는 살아있는 게 좋다고 씩씩하게 말하곤 했다.

석이의 가족은 단출했다. 누나와 모친, 세 식구가 전부였다. 가끔 석이 집에 들를 때면 모친이나 누나가 항상 옆에서 석이를 보살피고 있었다. 그러던 어느 날, 그날도 오후 수업이 없던 나는 석이 집에 들렀다. 누나는 외출 중이었고, 어머니는 잠시 슈퍼에 가셨다고 했다. 나는 늘 그렇듯 석이와 사소한 일상들을 이야기하고 있었다. 평화로운 시간이었다. 그런데 갑자기 석이가 소변이 보고 싶다고 했다. 엄마나 누나가 소변 통을 대주는 모습을 몇 번이가 지켜봤던 터였다. 나는 별다른 생각 없이 옆에 놓인 소변 통을 들고 누워있는 석이의 바지를 내렸다. 아뿔싸. 나는 감당치도 못할 일을 저지르고야 말았다. 조그만 체구의 석이가 나는 꼬마인 줄만 알았다. 그런 줄만 알았다. 석이가 스무 살이 넘은 청년임을 나는 잊었던 것이다. 이미 벗겨버린 바지 속에는 내 기대와는 상관없는 남자의 성기가 터질 듯 부풀어 있었다. 석이는 어엿한 성인이었다. 아무렇지 않은 척 소변 통에 소변을 받고 바지를 올려주기는 했지만, 내 손은 이미 덜덜거렸고, 가슴은 벌렁벌렁 요동치고 있었다. 때마침 들어온 석이 모친이 아니었다면 내 붉어진 얼굴은 금세 석이에게 들통났을 것이다.

석이 어머니는 사람들이 흔히 말하는 둘째 부인이었다. 석이 아버지는 가정이 있는 남자였다. 그는 유부남이라는 사실을 숨기고 석이 어머니와 동거하여 석이 누나와 석이를 낳았다. 석이 어머니는 뒤늦게 그 사실을 알았지만 아이들 때문에 사실혼 관계를 유지할 수밖에 없었다고 했다. 석이 아버지는 본처와 사실상 이혼 상태로 줄곧 석이 남매와 살다가 석이 나이 열일곱 살에 돌아가셨다고 한다. 경제적 능력이 없었던 석이 어머니는 살고 있던 아파트를 팔아 조그만 가게가 딸린 전세방을 얻었다. 처음에는 슈퍼가 그럭저럭 운영되었다. 세 식구 밥벌이는 되었으니 말이다. 그러나 주변에 마트가 하나둘 들어서면서 구멍가게를 찾는 사람들의 발길이 끊겼고, 석이네는 빚만 안고 생업을 접어야 했다.

석이 누나는 나보다 한 살 많았는데 전문대를 졸업한 후 구두수선공과 결혼했다. 신랑은 서글서글한 눈매를 지닌 시골총각이었다. 결혼 초기에는 집들이도 하면서 행복하게 사는 듯 했다. 아들이 다섯 살쯤 될 무렵에 경제 악화로 구두수선소 일이 불황을 겪으면서 남편의 음주와 폭력이 시작되었다. 가정폭력을 견디지 못한 석이 누나는 결국 이혼하고 아들과 함께 친정으로 돌아오고야 말았다.

5~6년간 그렇게 석이와 왕래하다가 결혼을 하면서 다른 후배에게 봉사를 맡겼다, 서툰 살림에 아이까지 키우느라 나는 한참이나 석이를 못 만나고 살았다. 간간히 석이 누나를 통해 소식을 듣곤 했는데 학교를 다닌 적이 없던 석이는 열심히 공부하여 대입검정고시까지 합격했다고 했다. 석이의 든든한 버팀목이던 어머니는 평생을 장애아들 뒷바라지로 고생만 하시다가 암으로 2005년에 돌아가셨다. 갑작스런 모친의 죽음으로 석이를 떠맡게 된 누나는 어린 아들과 남동생의 부양에 지쳐갔다. 어릴 때부터 의좋았던 남매는 모친의 부재(不在)와 생활고라는 무거운 현실 앞에 조금씩 무너져 내리고 있었다.

오랜만에 석이에게 전화가 왔다. 석이는 전신마비 장애인이라 전화를 할 수가 없다. 누나나 봉사자가 수화기를 귓가에 대

주어야만 겨우 통화가 가능한 정도다. 보고 싶다는 석이의 목소리는 몹시도 약하고 힘겹게 들렸다. 누워서 천장만 바라보고 있을 그의 얼굴이 눈에 밟혔다. 어린 딸아이를 잠시 친정집에 맡겨두고 한걸음에 석이 집으로 달려갔다. 좁은 방 한편에 덩그렇게 놓인 석이의 초록빛 낡은 이부자리. 삼십대 중반의 얼굴에는 완연한 병색이 깃들어 있었다. 욕창과 방광염으로 동아대병원에 입원했다가 며칠 전 퇴원했다고 옆에 있던 누나가 전해 주었다.

"영주 누나, 제가 시설로 가야 할까요?" 석이의 입은 그렇게 묻고 있었지만, 나를 향해 흔들리는 눈빛은 제발 보내지 말아 달라고 하소연하고 있었다. 석이는 원래부터 장애인 시설을 싫어했다. 모친이 없으면 시설에 가야 할지도 모른다는 불안함에 한시도 모친을 자신의 곁에서 떨어지지 못하게 했다. 모친도 그 사실을 알고 있었기에 암으로 투병하던 마지막 순간까지도 아들을 시설에 보내지는 못했다.

"석이는 어떻게 하고 싶은데?" 나는 물었다.

"……." 묵묵부답이었다.

역시나 석이는 시설에 가고 싶지 않았던 것이다. 누나도, 석이도, 나도 다 알고 있었다. 사실은 석이가 집을 떠나고 싶어 하지 않는다는 것을.

그리고 얼마 후, 안타까운 석이의 부고(訃告)를 받았다. 견고한 울타리였던 어머니를 떠나보낸 지 삼년이 되지 않은 추운 겨울날이었다. 그렇게도 대학 공부를 하고 싶었던 석이는 서른일곱 해의 어느 날 방광염과 패혈증으로 우리 곁을 떠났다.

누구보다도 성실하게 삶의 의무를 다했던 아이. 사회복지를 공부해 다른 장애인에게 도움이 되고 싶다던 멋진 석이.

매서운 찬바람에 정신이 번쩍 들 때면 석이 그 아이가 생각난다.

무명(無名)

나는 오늘도 누군가와 전화를 하며 일상의 안부를 묻는다.

2017년 2월, 몹시도 추운 아침이었다. 동여맨 검정 코트 속으로 매서운 칼바람이 집요하게 가슴을 파고들었다. 오늘따라 눈치 없는 핸드폰은 연신 징징대며 울고 있다. 승진을 축하하려는 지인들의 전화일 게다. 쏟아지는 눈물 탓에, 무너져버린 가슴 탓에, 덜덜거리는 손가락 탓에 차마 통화버튼을 누를 수가 없다. 나는 시린 손으로 부은 눈을 부비며 장례식장으로 들어섰다.

지하로 기다랗게 연결된 장례식장. 빈소는 아직 차려지지 않았다. 모친은 이미 넋을 놓은 상태였다. 친구가 급한 대로 졸업앨범에서 떼어온 사진으로 영정액자를 만들었다. 사진 속에는 푸른 청년이 미소 짓고 있었다. 내가 알던 그가 아니었다. 양 볼에 젖살이 가득한 앳된 얼굴을 보니 왈칵하고 눈물이 또 쏟아진다.

서울에 사는 형은 아직 도착하지 못했다. 마지막 밤을 함께 했던 친한 친구가 상주 아닌 상주 노릇을 하고 있었다. 친구의 말로는 저녁을 먹고 당구장에서 가볍게 포켓볼을 치고 있었다고 한다. 평소와 다름없던 후배가 갑자기 가슴에 통증을 호소하며 쓰러지자 급하게 119를 불러 응급실로 갔다고 한다. 응급처치를 받았으나 이미 멈춰버린 심장박동은 돌아오지 않았다. 심장으로 가는 혈관이 다 막혀서 의사는 더이상 스텐트 시술을 진행할 수 없었다고 한다.

어제 낮에도 멀쩡히 통화를 했다. 여전히 밝은 목소리였다.

일상의 안부를 물었고 행사준비로 바쁘다는 투정 어린 대답을 들었다. 다음 주에는 점심이라도 같이 먹자는 시답잖은 약속도 했다. 지난밤 도대체 무슨 일이 있었기에 겨우 하루 만에 차가운 몸으로 영안실에 누워있단 말인가.

백세시대에 불혹(不惑)을 가까스로 넘기고 떠난 사람. 누구보다 민원에게 친절하고 동료들에게 깍듯했던 정 많은 후배였다. 어려운 이웃들 돌보느라 정작 연약한 제 심장은 지켜내지 못하고 짧은 생을 아깝게 마감해 버렸다.

덩치로 보나 성별로 보나 그는 분명 남자였다. 동시에 다정하고 살가움이 여느 집 여동생 못지않았다. 남에게 화낼 줄 몰랐던 탓에 힘든 민원이 다녀간 날이면 담벼락에 쪼그려 앉아 줄담배만 피워댔다. 우직하고 곰 같은 슬픈 뒷모습이 애먼 영정사진 뒤에 있을 것만 같다.

문현동 주민센터에서 우리는 함께 근무했다. 같은 사회복지직이라 얼굴은 익히 알고 있었지만 겪어보니 더욱 진국인 사람이었다. 동네 할머니들에게도 얼마나 싹싹한지 어르신들은 주민센터에 올 때마다 덩치 큰 총각만 찾아댔다. 그는 우리 동의 친절지기였고, 할머니들의 귀염둥이 손주였다.

근무지가 바뀌어도 인연은 계속되었다. 마음 맞는 몇 명의 동료들과 함께 모임을 갖곤 했다. 생일도 챙겨주고, 꽃구경도 가고, 연말 송년행사도 함께했다. 몇 달 간은 함께 탁구에 미치는 바람에 탁구장 짝지로 어울려 다니기도 했다.

180㎝가 넘는 장신에 한 덩치하던 그는 누가 봐도 건강체였다. 본인도 자신의 건강을 자만했을 것이다. 담배는 피웠지만 골초는 아니었고 술은 잘 먹지도 못하는 편이었다.

그가 떠나기 2~3년 전의 일이다. 공무원노조에서 야심차게 체육대회를 준비했다. 족구예선전 첫 경기에서 후배가 쓰러지는 바람에 모든 행사가 취소되었다. 그 때까지 누구도 눈치채지 못했던 그의 심장질환이 발현했다. 그 때도 심정지가 있기는 했다. 젊음 덕분인지 금세 심박동이 돌아왔고 심장에 스텐트 몇 개를 시술 받고는 퇴원했다. 그때부터 그는 기적의 사나이가 되었다. 누군가는 보상으로 받은 그의 보험금을 부러워하기도 했다.

평범한 하루하루를 기특하게 살아내고 있었다. 한동안 그가 환자라는 걸 우리도 잊었다. 형은 결혼해서 서울로 분가했고, 퇴직한 모친과 단둘이 살고 있었다. 모친은 어릴 때부터 아들이 불쌍한 사람만 보면 잠바를 벗어주고 와서 속상했다고 그를 회고했다. 싱글이었지만 한동네에서 나고 자란 동갑내기 친구가 있어 퇴근하면 매일이다시피 붙어다니곤 했다.

지인의 소개로 좋은 인연을 만나 결혼할 뻔한 적도 있다. 서울과 부산을 오가며 제법 연애다운 연애를 하나 싶었다. 눈치 없는 애인이 등산 가자고 조르는 바람에 심장병 이력을 고백하고야 말았다. 결과는 연인과의 결별. 공교롭게도 여자에게는 부친이 심장병으로 사망한 가정사가 있었다. 모든 질병은 받아들여도 심장병은 안 된다며 그녀는 냉정하게 떠났다.

그는 한동안 끊었던 담배를 다시 피우더니 결국 유명(幽明)을 달리하고야 말았다. 일이 바쁘다는 핑계로 다니던 병원검진도 건너뛰기 일쑤였고, 처방받은 약도 제 시간에 먹지 않았다. 그래도 나이가 젊으니 잘 버틸 줄 알았다. 병원에 가라고 잔소리라도 했어야 했다. 약 좀 챙겨먹으라고 구박이라도 했어야 했다. 그리 쉽게 갈 줄 알았더라면.

죽음은 모두에게 숙명이다. 가는 순서야 어찌되었든 결국은 죽음으로 끝난다. 그럼에도 질병이나 사고로 급작스레 가까운 사람의 부재(不在)를 겪게 되면 곁에 머물던 사람은 무력하고 우울해지기 마련이다.

언론을 통해 돌발적인 죽음들을 아프게 본다. 누군가는 괴로워서, 누군가는 불안해서, 또 누군가는 숨고 싶어서 그런 결정을 내린다. 어느 죽음이든 사람들은 뒷담화처럼 수군댄다.

어떤 장애인이 물었다. "선생님, 장애인들은 불편한 몸을 가지고도 살아가는데, 몸이 건강한 사람들이 왜 자꾸 자살을 해요?" 나는 대답한다. "어떤 사람은 몸이 불편해도 마음이 건강하기도 하구요, 또 어떤 사람은 몸이 건강해도 마음이 아프기도 한답니다."

살고 싶은데도 살 수 없는 인생과 살 수 있음에도 삶을 포기하는 사람들을 보며 깊은 고민에 휩싸인다. 가만히 있어도 죽음으로 향하는 우리의 삶이기에 나는 오히려 하루하루를 열심히 살고 싶어졌다.

그가 떠나고 일 년 후 직원들과 정관에 있는 추모공원에 갔다. 정관 추모공원은 1층에 별도로 추모관이 만들어져 있었다. 우리는 꽃집에서 사 간 국화를 예쁘게 담아두고 113실로 갔다. 맨 꼭대기에 여전히 젊은 얼굴로 그는 우리를 내려다보고 있었다.

누군가가 떠나기 전날 마지막 만남이나 통화를 한 사람은 원치 않는 트라우마를 경험한다. 밥 한번 먹자는데 뭐그리 바쁘냐고 타박을 했다. 행사 하나만 끝내놓고 꼭 밥을 먹자고 미안해하던 그와의 통화가 영영 지킬 수 없는 약속이 되었다.

나는 오늘도 누군가와 전화를 하며 일상의 안부를 묻는다. 일이 힘들다는 동료들의 투정을 들어주고, 언제 만나 밥이나 먹자는 시답잖은 약속을 한다. 제발 내 전화와 약속이 서로에게 마지막이 아니기를 기도한다. 또 하루가 지나간다.

어떤 만남

나는 그렇게 한 사람을 잃고 또 한 사람을 얻었다.

철이는 그렇게 짧은 생을 마감했다. 노총각이었던 철이에게 경이는 하나뿐인 동생이었다. 경이를 처음 만난 건 6년 전, 그러니까 철이의 장례식장에서였다. 갑작스런 부고였다. 초겨울 날씨는 무척이나 쓸쓸했고 우중충했다. 급하게 퇴근하고 정신없이 길을 나섰다. 순천까지 가는 여정은 멀고도 지루한 시간이었다. 남편은 졸린 눈을 비벼가며 밤길운전을 마다하지 않았다. 차창 밖으로 어둠이 짙게 내려앉았고 차 안은 침묵으로 숨소리마저 무겁게 느껴졌다.

낯선 도시의 낯선 장례식장은 급작스런 철이의 부재만큼이나 혼란스럽고 어수선했다. 노모는 동공이 풀린 채 넋이 반쯤 나가 있었다. 상주인 경이는 동분서주하며 바쁘게 상황을 수습하고 있었다. 전국에서 몰려든 문상객들은 바쁜 몸짓과 수어로 고인을 추모하며 각자의 추억에 젖어들고 있었다.

철이는 23년 전 수어를 배우고 싶다고 찾아온 내 첫 제자였다. 갓 스무 살. 신입생이던 청춘의 열정이 예뻐서, 젊음이 부러워서, 열심히 수어를 가르쳤다.

청출어람(青出於藍)이라 했던가. 철이는 스승보다 나은 능력자가 되어 서울로 진출했다. MBC, EBS, 국회방송까지 섭렵한 유능한 수어통역사로 농인들의 신뢰와 사랑을 한몸에 받으며 승승장구했다.

대학을 진학하면서 제 고향 순천을 떠나 자리 잡은 곳이 부산이었다. 철이는 항상 부산이 제2의 고향이라고 입버릇처럼 말했다. 나이 들면 부산에 와서 스승인 나와 같이 늙어가고 싶다는 기특한 말도 잊지 않았다. 뜬금없이 전화하고, 불쑥불쑥 찾아오고, 다시 돌아오겠다며 해맑게 웃던 아이. 그 아이가 서울에서 얼마나 외롭고 힘들었을지 나는 짐작도 못했다. 방송에서, 유튜브에서, SNS에서, 사석에서도 항상 밝은 얼굴만 보였으니 말이다.

우리 모두는 웃음 뒤에 가려진 다른 슬픔을 보지 못한다. 아니 애써 보려 하지 않는지도 모른다. 나도 그랬다. 그저 그 아이의 밝음만 보려했다. 그렇게 마음의 병이 깊어진 철이는 어느 날 자신을 '툭' 놓아버렸다. 자신만 바라보는 노모와 유일한 혈육인 동생을 두고서.

고독사(孤獨死). 언론에서 떠들어대는 어떤 이의 죽임이다. 세상은 혼자 사는 이들의 외로운 죽음을 그리 쉽게 부른다. 힘겹게 버텨온 삶의 흔적 따위야 중요하지도 않다. 그저 젊은 사람이 우울증에 걸려 그냥 그렇게 된 거라고 가볍게 말한다. 그래도 생명인데. 살아보려고 애쓰던 우리네와 같은 성정의 사람인데 말이다.

장례식을 준비하며 만났고 장례를 치르고도 몇 차례 안부와 문자를 주고받으며 경이와의 인연은 그렇게 끝난 줄 알았다.

경이와의 두 번째 만남은 어느 농인의 결혼식장에서였다. 철이가 생전 제 자식마냥 아끼고 살뜰하게 챙기던 까까머리 고등학생이었던 준이.

"선생님, 밥 좀 사 주세요." 하고 찾아올 때면 언제나 껌딱지처럼 달라붙어 있던 개구쟁이 꼬마. 그 개구진 고딩이 어느새 청년이 되어 결혼을 했다. 대구의 결혼식장에 형을 대신하여 먼 곳에서 경이가 왔다. 일상의 안부를 묻고 점심을 함께 먹었고, 차를 마시며 철이를 추억했고, 또 그렇게 헤어졌다.

분주한 나의 일상은 철이에 대한 기억을 더이상 소환하지 않았으며, 그럭저럭 잊어가고 있었다.

경이와의 세 번째 만남은 철이가 떠난 지 1년쯤 되는 추운 겨울이었다. 형의 추모식에 다녀왔다며 경이는 조심스레 책 한 권을 내민다.

〈철아, 구름 밟는 소리는 어떻노?〉 - 수어통역사 김○철.

사진작가인 농인 친구가 철이의 메모장과 사진을 모아 추모하는 책을 출간했다고 한다.

예전에 수어통역사인 철이에게 예전에 어떤 농인이 물은 적이 있다.

"철아, 자갈밟는 소리는 어떻게 나노?"

"수어로 답하기 어렵나?"

"그럼 철아, 파도소리는 어떻노?"

그 때 철이는 결심했다. 소리를 듣지 못하는 농인들에게 세상의 모든 소리를 시각으로 전달하는 진짜 수어통역사가 되겠노라고.

그리고는 열정적으로 농사회에 헌신했다.

"사람은 죽어서 이름을 남긴다."고 했던가. 철이는 그렇게 덩그러니 우리 곁에 책 한 권 겨우 남기고 떠났다. 아니 제자리로 돌아갔다. 우리 모두가 돌아갈 그 자리로, 우리보다 조금 먼저 갔다.

경이는 형이 떠난 후 수어를 배우기 시작했다고 한다. 형의 족적을 지우려다 오히려 형의 세계로 들어왔다고 수줍어했다.

형만큼은 못하겠지만, 수어를 열심히 배워서 농인들을 위해 봉사하고 싶다는 원대한 포부를 밝히는 경이. 그런 경이의 얼굴에 철이의 얼굴이 어려 있다. 23년 전 해맑게 날 찾아왔던 그 모습, 그 눈빛 그대로.

나는 그렇게 한 사람을 잃고 또 한 사람을 얻었다.

점바치

파란 천막은 아직도 그곳에 있을까.

"언니야, 단돈 오천 원이래."

교육생 동기가 신이 나서 길 건너 점(占)집을 가리킨다. 도로 쪽으로 반쯤 걷어 올린 파란색 천막이 한눈에 들어온다. '손금 삼천 원, 관상 오천 원.' 하얀 페인트로 덧칠한 남루한 글씨들이 천막 입구에서 호객을 한다. 안에는 칠순은 됨직한 노인이 바깥을 힐끔거리며 내다본다.

2018년은 내게 선물 같은 해였다. '글로벌 교육' 참여의 기회를 얻어 10개월이나 교육생 신분으로 지냈다. 부산시와 산하기관에서 선발된 66명의 동료들이 북구에 있는 인재개발원에서 교육을 받았다. 교육과정은 대체로 즐거웠고, 외부로 나가는 체험활동은 힐링과 충전의 시간이었다.

한창 더웠던 여름날. 영도대교 도개식에 참여하는 현장수업이 있었다. 영도다리가 들리는 시간은 오후 2시였으나, 일행들과 나는 이른 점심을 먹고 유라리 광장에 도착했다.

"눈보라가 휘날리는 바람 찬 흥남부두에 (중략) 금순아 어데를 가고 길을 잃을 헤메었더냐." 이 가사는 영도 출신 가수 현인 선생님이 부른 〈굳세어라 금순아〉라는 노래의 일부분이다. 노래처럼 많은 사람들이 한국전쟁 이후 부산으로 피난 오면서 가족을 잃어버렸다. 그나마 사람들에게 잘 알려진 영도다리에서 재회할 수 있지 않을까 하는 기대를 품고 애타게들 기다렸다고 한다.

가족을 언제쯤 찾을까 궁금해 하던 이들로 인해 영도다리 주변에는 하나둘 점집이 생겨났다. 점바치 골목도 활발한 상권을 형성했다. 그 자리가 지금의 '유라리 광장'이라고 한다. 광장 앞에는 피난민의 동상과 "영도다리! 거~서 꼭 만나재이~"라는 문구가 그 때를 회상하듯 구슬프게 적혀 있었다.

1960~70년대 영도다리 밑을 빼곡히 점령했던 점바치 골목은 급변하는 세월에 눌렸다. 롯데백화점이 건설되는 현대화를 겪으면서 대부분의 점집은 문을 닫았고, 겨우 몇 곳만이 명맥을 유지하고 있었다.

십여 분 남짓한 도개식이 끝난 후 단짝이었던 교육생은 나를 점집으로 유혹했다. 평생 점이라고는 관심도 없었는데, 하필이면 교육원에서 사귄 첫 짝꿍이 점(占) 마니아였다. 무슨 일이 생길 때마다 용하다는 점집을 두루 다니며 미래를 물어본다고 했다. 복채의 적정시세는 오만원인데 파격 할인가 오천원이라며 내 마음을 흔들었다. 어느새 나는 그녀를 따라 파란 천막으로 들어서고 있었다.

점치는 노인은 퉁명스레 물었다. "손금이요?, 관상이요?" 옆에서 재빨리 대답한다. "관상 보러 왔어요." 노인의 얼굴이 이

내 밝아졌다. 오천 원짜리 손님에 신난 점쟁이는 공책 하나를 펼치더니 누구 먼저 볼 거냐고 한층 부드럽게 물었다. 단짝이 또다시 대답해준다. "이 분이요." 나는 순순히 생년월일과 태어난 시(時)를 불러주었다. 공책에 뭔가를 쓰던 노인은 내 이름의 한자(漢字)를 묻는다. 나라 조(趙), 광채 영(瑛), 구슬 주(珠)라고 답했다. 어르신은 힘찬 필체로 나라 조(趙)를 적더니, 광채 영(瑛)에서 머뭇거렸다. 임금 왕(王)을 빠뜨리고, 애꽃은 꽃부리 영(英)만 쓰시는 어르신. 광채 영(瑛)이라고 재차 말하자, 공책을 던지듯 건네주며 직접 쓰라고 재촉한다. 분위기에 압도된 나는 자필로 조(趙), 영(瑛), 주(珠)를 또박또박 단정한 필체로 적어냈다.

한문 이름과 태어난 시(時)를 들여다보며 한참이나 고민하던 노인이 물었다.

"아직 결혼 안했지요?" 노인의 눈빛이 반짝였다.

"결혼한 지 20년 넘었습니다." 나는 당황스러웠지만 대답했다.

노인은 눈을 부라리며 취조하듯 되묻는다.

"아, 없네. 없어. 애가 없지요? 팔자에 애가 없네."

"딸만 셋입니다만." 나는 자포자기하는 심정으로 대답했다.

당황한 어르신은 애꿎은 볼펜만 만지작거렸다.

"아, 됐고, 이런 팔자는 직장을 다녀야지 놀면 안 돼요. 안 돼."

나는 순간 '욱'했으나 간신히 가슴을 누르며 말했다.

"아직은 직장 잘 다니고 있습니다."

어르신은 후다닥 공책을 몇 장 넘기더니 변명하듯 말했다.

"됐어요, 됐어. 그쪽은 무조건 직장 그만두지 말고 일해요. 일."

그리고는 이내 눈길을 짝에게로 향한다.

"그쪽은 태어난 시(時)가……."

"저는 괜찮아요. 다음에 볼게요." 그녀는 단호하게 말했다.

멋쩍게 웃는 짝지를 보며 배신감이 들었다. 같이 가자고 꼬여 놓고 나만 당하게 하다니. 화를 주체하지 못한 나는 얼굴이 벌겋게 달아올랐다. 그 순간에도 어르신은 점값을 받아내고야 말겠다는 의지로 나에게 시선을 고정하고 있었다. 지갑을 꺼내는 손이 쉽게 움직이지 않았다. 옆에서 짝지가 내 지갑을 빼앗아 삼천 원을 꺼내고 제 돈 이천 원을 얹어 점값을 지불했다.

밖으로 나오자마자 나는 급기야 폭발하고 말았다.

"야, 니가 먼저 가자고 해놓고 니만 쏙 빠지믄 우짜노?"

뾰로통한 내게 그녀가 웃으며 말했다.

"언냐, 점집은 서로가 궁합이 맞아야 잘 맞히는 거야. 내가 이천 원 보탰으니 언니는 삼천 원으로 점 본 거잖아. 좋은 경험이라 생각해."

이천 원으로 미안함을 덮으려 애쓰는 그녀를 생각해서라도 나는 참아야 했다.

다음 날 아침 교육원에 도착한 나는 열변을 토하며 동기들에게 점쟁이 노인을 비난했다. 그는 적어도 세 가지 중에 한 가지는 맞혀야 했다. 그 때까지 잠잠히 듣던 한 동기생이 말했다.

"쌤, 생각해 봐요."

나는 그를 쳐다보았다.

"대낮에 중년의 두 여자가 왔어. 점쟁이는 뭐라고 생각했을까?"

나는 답변 대신 그의 뒷말을 기다렸다.

"뻔하지. 노처녀거나, 애가 없거나, 일이 없어 왔다고 생각했겠지."

아뿔싸. 진짜 점바치는 바로 옆에 있었다. 그의 합리적인 추론에 뒤통수를 세차게 후려 맞은 느낌이 들었다.

평일 대낮에 결혼도 하고, 아이도 있고, 직장까지 멀쩡히 다니는 여자가 찾아올 거라고는 미처 생각지 못했으리라. 자신의 경륜과 짧은 지식으로 엉터리 점을 치며 하루하루 생계를 이어갈 어르신을 생각하니 애잔함이 밀려왔다.

파란 천막은 아직도 그곳에 있을까.

5-4번 칸

다음날로 나는 5-4번 칸과 영영 이별했다.

지하철은 내 사고(思考)의 놀이터였고 추억의 공간이었다. 집이 역세권이라 수십 년을 지하철을 이용했다. 지하철을 타고 내릴 때면 수많은 사람들을 보게 된다. 줄곧 핸드폰만 들여다보는 사람, 친구와 수다 떠는 사람, 큰 소리로 통화하는 사람, 옆자리까지 침범해 신문을 펼쳐 읽는 사람도 있다. 자신에게 집중하느라 누구 하나 고개 들어 반대편 사람에게 눈길 한번 주는 법이 없다.

구청에 근무할 때였다. 문현로터리에서 못골역까지 매일 지하철을 타고 출퇴근했다. 두 정거장만 지나면 목적지에 도착하는 짧은 거리다. 겨우 십여 분 남짓한 그 시간에 일어났던 일을 나는 잊을 수가 없다.

무더위가 본격적으로 시작되려던 6월의 어느 날. 여전히 분주한 출근길 아침이었다. 늑장부리는 아이들을 등교시키고 설거지통에 가득 담긴 그릇들에게 눈빛으로 짜증을 부렸다. 오늘도 설거지하고 출근하기는 글렀다. 서둘러 신발을 꿰차고 문현역으로 향했다. '조금만 더 서둘렀더라면 설거지 정도는 깔끔하게 끝내고 왔을 텐데.' 찜찜함이 가시지 않았다.

문전역에서 출발한 장산행 지하철은 미처 내가 에스컬레이터에서 내리기도 전에 도착했다. 그 지하철을 타보겠다고 급하게 달렸다. 가까스로 5-4번 칸에 발을 들여놓았고 거의 동시에 문이 닫혔다. 늘 6번 칸에 타던 나로서는 다소 생경한 공간이었지만 여느 때와 다름없이 입구 손잡이에 기대어 습관처럼 사람들을 둘러보았다.

"사과하세요."

"사과 못해요."

턱밑에 앉은 남자 둘이 말다툼을 하고 있었다. 아마도 그들의 싸움은 내가 승차하기 전부터였으리라. 와이셔츠에 말끔하게 양복을 차려입은 중년 남자가 옆에 앉은 젊은이에게 자꾸 사과하라고 시끄럽게 군다. 젊은이의 옆자리에는 모친으로 보이는 할머니가 바짝 붙어 있었다.

젊은 남자는 지쳐보였고 얼굴에 신경질이 가득했다. 비좁은 공간에서 그럴 수도 있지, 그런 일에 뭘 사과까지 하냐며 젊은이는 큰 소리로 화를 내기 시작했다. 중년 남자는 중저음의 흔들림 없는 목소리로 끊임없이 사과를 강요하고 있었다. 혈기를 참지 못한 젊은 남자는 급기야 욕지거리를 내뱉었다.

지하철을 잘못 탔다. 다음 차를 타거나 옆칸을 탔어야 했다. 아니면 좀더 달려서 즐겨 타던 칸으로 올라타야 했다. 급한 마음에 지하철 문이 열리는 쪽으로 타는 바람에 아침부터 못 볼 꼴을 보고야 말았다.

가만히 들어보니 별일도 아니었다. 젊은 남자가 앉으면서 중년 남자의 어깨를 슬쩍 건드렸나 보다. 그냥 미안하다고 하고 앉았으면 되었을 일이다. 젊은이는 모른 척 옆자리에 앉았고 중년 남자는 자다 깨는 바람에 불쾌한 감정을 드러내고 있었다.

젊은이가 입에 담기 험한 욕을 시작하자 단정했던 중년 남자는 급기야 폭발했다. 지하철 책임자를 불러 달라, 억울하다, 경찰을 불러라, 난리도 아니었다. 멱살잡이로 티격태격하는 사이에 지하철은 지게골역에 도착했다. 지하철 문이 열리고 몇 명이 타고 내렸다. 중년 남자는 경찰서로 가자며 문 쪽으로 젊은이를 밀어붙였고, 젊은 남자는 못 가겠다고 버티고 있었다. 내리자는 사람과 내리지 않겠다고 버티는 사람 때문에 지하철 문이 열렸다 닫혔다를 반복했다. 이런 사정을 모르는 기장은 안내방송을 한다. "승객 여러분, 이제 곧 출발할 예정이오니, 한 걸음 안쪽으로 옮겨주십시오."

하필이면 내가 선 곳에서 그들은 대치중이었다. 나는 이러지도 저러지도 못하고 손잡이만 부여잡고 있었다. 중년 남자는 입구에서 경찰서에 가자고 젊은이의 멱살을 끌고 내리려고 했다. 젊은이의 엄마는 옆에서 아들을 붙잡고 있었다. 출근길 승객들은 누구도 두 사람을 도우려 하지 않았다. 그저 출근시간이 길어지는 것이 마뜩잖은 표정들이다. 젊은 남자와 노모는 중년 남자의 손길을 뿌리치고 지게골 지하철역에 내렸다. 중년 남자도 그들을 따라 내렸다. 지하철 승객을 포함한 나는 어서 자동문이 닫히기만 기다렸다. 그 찰나의 순간에 젊은 남자와 모친이 다시 지하철에 올랐고, 중년 남자도 화를 내며 다시 5-4번 칸에 다시 승차했다.

중년 남자는 이미 이성을 잃은 듯했다. 고성과 몸싸움이 오갔다. 지하철 문은 또다시 열리고 닫히고를 반복했다. 순식간이었다. 하얗게 질린 젊은 남자가 모친의 손을 붙잡고 도망치듯 지하철에서 내렸다. 중년 남자는 허둥지둥 다시 따라 내리려 했다. 나는 입구를 온몸으로 막아섰다. 내리려는 중년 남자의 허리를 잡고 다급하게 옆사람에게 소리쳤다. "거기, 파란색 티셔츠 입은 아저씨, 안 도와 줄 거예요?" 지명당한 남자는 얼결에 중년 남자를 제지했고 그 사이 지하철 문이 닫혔다. 유리

문 너머 젊은 남자의 흔들리는 눈빛을 보았다. 억울함과 부끄러움이 뒤섞인 표정이었다. 미처 내리지 못한 중년남자는 불같이 화를 냈다. 왜 자기를 말리느냐, 욕 듣고 가만 있을 사람이 어디 있느냐. 젊은 놈이 어른한테 너무 버릇이 없더라, 숨도 쉬지 않고 따발총 같은 힐난을 퍼부었다. 나는 욕받이 무녀마냥 묵묵히 들어주었다. 도와주던 아저씨는 슬그머니 등을 돌렸다.

"선생님, 충분히 화내실 수 있어요. 제가 잠시 지켜봤는데, 총각이 얼굴도 허옜고 예민한 게 많이 불편해 보이더라구요. 아침에 엄마랑 병원 가는 길일 수도 있잖아요. 그냥 아픈 사람이라 생각하고 선생님이 좀 참으세요."

남자는 마지못해 자리에 앉더니 팔짱을 끼고 억지로 눈을 감는다. 얼굴에 짜증이 잔뜩 묻어있었다. 지하철은 못골역에 도착했고 사람들의 틈바구니에 섞여 나도 조용히 내렸다. 뒤따르던 사람들이 이러쿵저러쿵 찧어대는 소리가 내 등짝을 때렸다.

사람들은 자신의 안경으로 세상을 본다. 동그란 안경을 낀

이는 동그란 세상을, 네모난 안경을 낀 사람은 네모난 세상을. 그러나 세상이 동그랗고 네모나기만 한 건 아닌 것 같다. 누구에게나 말하지 못할 사연들과 형편들과 아픔들이 있으니 말이다. 지하철에서 도망치듯 내린 노모와 아들이 너무 아픈 사람은 아니었으면 좋겠다. 억울함을 호소하던 중년의 그 남자도 마음의 상처가 깊지 않았으면 좋겠다.

넘쳐나는 내 오지랖 덕분에 하루 종일 손목과 어깨가 뻐근했다. 중년 남자가 쫓아오는 악몽도 꾸었다. 누가 알아볼까 봐 며칠을 끙끙 앓았다. 다음날로 나는 5-4번 칸과 영영 이별했다.

2011년생

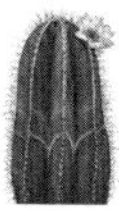

나는 이리저리 치이는 2011년생 쉐보레 스파크다.

나는 2011년 겨울에 태어났다. 인간의 나이로는 초등학생에 불과하나 동종 업계의 관행으로는 중년에 해당하는 점잖은 나이다. 내 이름은 쉐보레 스파크다.

1998년도에 태어난 선배님을 사람들은 '마티즈'라 불렀다고 한다. 2009년부터 우리들은 '스파크'라는 이름으로 강제 개명

당해야 했다.

나는 달리는 것을 무척이나 좋아한다. 지난 십 년 동안 서너 명의 주인을 거쳤으나 아직 삼만 킬로밖에 주행하지 못했다. 나는 아직도 달리는 것에 목마름을 느낀다.

2019년 2월에 현재의 주인집으로 입양되었다. 전 주인도 여자였다. 전 주인도 현 주인도 운전이 서툴러 나의 간담을 서늘하게 할 때가 많다. 그나마 지금 여주인은 목욕도 자주 시켜주고 밥통도 넉넉하게 채워주니 기분이 좋다. 나를 조작하는 실력은 형편없지만 넓은 아량을 믿고 살기로 했다.

좁은 도로 사정에 나 정도면 우수한 이동수단이라 자부하며 산다. 주차도 쉽게 하지, 좁은 골목길도 잘 빠져나가지, 더군다나 기름값도 얼마 안 드니 얼마나 기특한가 말이다.

산동네 어르신 댁에 가정방문이라도 할라치면 나 정도 사이즈는 되어야 산모퉁이 주차가 가능하다. 중형차는 산동네 언덕배기에 엉덩이 붙일 곳도 없다. 이웃돕기 성품도 뒷자리에 충분히 실을 수 있다. 주인 여자는 내 덕분에 민원이 들어오면 어디든 달려간다. 가성비 대비 최고의 몸값을 자랑하는 나지만, 가끔은 중형차와 외제차만 보면 다리가 후덜거린다.

주인 여자와 동거한 지 2년이 넘었다. 덕분에 내 몸에는 크고 작은 상처가 훈장처럼 매달려 있다.

지난가을이었다. 주인은 운전도 익숙하지 못하면서 산복도로를 오르다가 외통수에서 하행하는 택시와 맞닥뜨렸다. 영업용 택시가 속도를 전혀 줄이지도 않고 내려왔으니 주인 여자가 깜짝 놀랄 만도 했다. 택시를 피하려고 핸들을 꺾더니 급기야 내 오른쪽 옆구리를 쇠기둥에 처박고야 말았다. 택시는 아무 일 없다는 듯 제 갈 길로 달아났고, 주인 여자는 내 옆구리를 쓰다듬으면서 제 남편에게 전화로 한참을 하소연했다.

주인의 남편은 어찌어찌하더니 정비소에서 가서 접혀진 내 옆구리를 펴 주었다. 그 사건 후 여자는 오르막을 오를 때마다 식은땀을 흘리는 통에 옆에서 보기 안쓰럽다.

한번은 이런 일도 있었다. 상가 주차장에 나를 주차시키고 주인 여자가 잠시 자리를 비운 적이 있었다. 남자 하나가 주차장에 들어오더니 한참이나 나를 노려보았다. 몇 번인가 차 빼기를 시도하더니 포기하고 주인 여자에게 전화를 걸었다. 나는 옆에서 두 사람의 통화를 엿듣다가 '빵'하고 웃음이 터지는 바람에 클랙슨을 누를 뻔했다.

"마티즈 차주시죠? 차 좀 빼주시겠어요?" 남자는 전화로 정중하게 부탁했다. 그 순간 우리 주인 여자가 한다는 말이 가관이다.

"제 차는 마티즈 아닌데요."

"보라색 마티즈 차주 아니세요?" 남자의 목소리에 짜증이 묻어났다.

주인 여자는 여전히 당당하다.

"보라색은 맞는데요. 제 차는 스파크에요."

그 남자의 표정을 주인 여자가 봤어야 했다. 황당한 표정으로 제 핸드폰을 한참이나 째려보던 남자는 작전을 바꾸었는지 다시 이야기했다.

"아, 스파크 차주님. 차 좀 빼주세요. 제 차가 나가야 해서요." 잠시 후 주인 여자는 원피스 치맛자락을 휘날리며 사뿐사뿐 걸어와 차를 빼준다. 나는 얘기해 주고 싶어 입이 근질거렸다. '이 여자야, 스파크가 바로 마티즈야'.

조금 무식하긴 해도 주인 여자는 기장[Gijang] 바닷가까지 드라이브도 시켜주고, 정비소에도 자주 들러주고, 가끔은 타이어 가게를 방문해 내 발이 튼튼하도록 바람을 빵빵하게 넣어주기도 했다.

경차라는 자부심으로 버티던 내 자존심에 커다란 스크래치가 나는 사고가 발생했다. 나는 화가 치밀어 주인 여자를 버리고 도망갈 뻔했다.

토요일 오후였다. 주인 여자는 친구를 만나 진주냉면집으로 갔다. 늘 그렇듯 주차장은 혼잡했다. 주차를 안내하던 아저씨는 이차 저차 사이를 분주하게 다니며 주차정리를 하고 있었다. 나는 처음부터 그 남자에게 쎄한 느낌을 받았다. 주인 여자는 눈치 없이 나를 만석의 주차장으로 끌고 들어갔다. 안쪽에서는 검정색 벤츠가 우아한 자태를 뽐내며 출차하고 있었다. 주차요원은 자꾸 내 쪽으로 벤츠를 유도했다. 지레 겁먹은 우리 주인은 차를 멈췄다. 그럼에도 주차요원은 검정색 벤츠를 자꾸 내 쪽으로 유인했다. 결국 '쿵'하고 벤츠가 내 옆구리를 스쳤다. 이번에는 왼쪽이었다. 우리 주인은 놀라 소리쳤다.

"선생님, 차를 이렇게 붙이면 어떻게 해요?" 그제야 벤츠 창문이 열리고 새파랗게 젊은 놈이 슬며시 후진하더니 유유히 빠져나갔다.

주차요원은 내 주인을 버리고 달려가 벤츠에게 90도로 인사하며 배웅했다. 화난 주인 여자는 차에서 내렸다. 주차요원이 달려와 사정한다.

"아이쿠, 사모님. 죄송합니다. 제가 유도를 잘못했으니 제가 차량수리비를 내겠습니다." 내 주인은 화를 삭히지 못하고 있었다.

"아저씨, 차가 접촉사고가 일어났으면, 상대편 차주가 사과하는 게 맞는 게 아닌가요?"라고 따졌다. 주차요원은 벤츠 차주는 잘못이 없다며 자신이 유도를 잘못한 거라며 거듭 사과했다.

주인 여자는 내 왼쪽 옆구리 사진을 찍고 친구는 동영상을 촬영하면서 한바탕 소란이 있었다. 주차요원은 우선 식사나 하고 오시라고 메모지에 자기 연락처와 이름을 적어준다. 무조건 변상한단다. 저 주차요원의 태도도 마음에 안 든다.

주차장에서 눈 빠지게 주인 여자를 기다렸다. 주차요원은 퇴근시간이 되었는지 뒤도 안 돌아보고 가버린다. 한참만에 나타난 주인 여자는 메모지에 적힌 번호로 전화를 건다.

"선생님, 스파크 차주입니다. 벌써 집에 가셨네요." 수화기 너머 남자의 힘없는 목소리가 들린다.

"사모님, 뵐 면목이 없어 먼저 왔습니다." 여주인은 잠시 망설이더니 나와는 의논도 없이 말했다.

"선생님, 저는 그냥 가버린 벤츠 차주에게 화가 났습니다. 수리는 제가 하겠습니다. 신경 쓰지 마세요."

수리비를 변상하겠다는 주차요원에게 굳이 괜찮다며 저 혼자 좋은 사람으로 남았다. 벤츠에게, 주차요원에게, 심지어 주인에게까지 외면당한 난 아직도 병원에 가지 못했다. 그리고 얼마 후 주인이 또 바뀌었다. 나는 이리저리 치이는 2011년생 쉐보레 스파크다.

그리던 바다

바다여행 덕분에 달달한 잠이

별처럼 따스하게 쏟아진다.

올해도 앞만 보고 종종거리며 쉼 없이 달려왔다. 지난해 봄에 모친을 잃었다. 준비되지 못한 갑작스런 이별이었다. 다시 봄이 오고, 벚꽃이 만발하게 피었지만 마음은 여전히 춥기만 하다. 동(洞) 직원들은 코로나 상황에서도 재난지원금과 선거업무까지 묵묵히 제 일을 해내고 있다.

직장인이 되면서 주5일은 무조건 일해야 하는 줄 알고 살았다. 학교생활도 당연히 그랬다. 우수상은 못 받아도 개근상을 받아야 한다고 아버지는 어릴 때부터 가르쳤다. 비가 오나 눈이 오나 학교에 갔고, 직장에 출근했다. 반평생을 지각, 조퇴, 결근 한 번 없이 미련스럽게 버텨오고 있다.

친구에게 오랜만에 전화가 왔다. 뜬금없이 바다가 보고 싶다고 했다. 바람 쐬러 같이 가줄 수 없냐고 덜컥 물어온다. 할 일이 쌓여 있다. 머뭇거리는 내게 하루쯤은 쉬어도 된다고, 잠시 멈춤이 필요하다고 그녀는 여러 말로 꼬드겼다. '바다'에 흔들렸다.

나는 영도구 남항동 바닷가에서 태어났다. 국민학교(지금의 초등학교) 다닐 무렵 산동네로 이사하기 전까지 바닷가에 살았다. 동네 언니오빠들을 따라 바다에서 여름 한 철을 보내고 나면 검게 탄 피부가 겨울까지 회복되지 않았다. 원래 내 피부가 검어 그런 줄만 알았다. 언젠가 검정색 대형튜브가 뒤집어지는 바람에 바다에 빠져 죽을 뻔한 적도 있지만 나는 여전히 넓고 푸른 바다가 좋다.

큰마음먹고 황금 같은 금요일에 휴가를 냈다. 집에서 출근하는 것처럼 자연스레 빠져나왔다. 혹여 특별휴가라도 낼라치면 딸들이 어디 아프냐고 꼬치꼬치 묻는 통에 그냥 출근하는 것처럼 나오는 게 나을 듯싶었다.

오늘의 여행테마는 바다. 잠시 일상을 멈추고, 바다를 보며 마음껏 먹고, 편히 쉬었다 갈 요량이다. 첫 번째 그리던 바다는 해동용궁사였다. 주차장에 도착했다. 텅 빈 주차장을 보니 괜스레 기분이 좋았다. 십이지신상 앞터가 그렇게 넓은 줄 몰랐다. 평일인 덕분인지 코로나 탓인지 해동용궁사는 입구부터 한산했다. 108장수계단 아래 펼쳐진 바다는 금빛의 지장보살상이 지키고, 돌다리 아래에는 16나한상이 분수대를 따스하게 내려다보고 있었다. 분수 안에 동전이 꽤 들어차 보였다. 부산에서 나고 자라 해동용궁사가 익숙하다 생각했는데 평일 아침의 절 풍경은 색달랐다. 푸르고 조용하고 아름다웠다. 보통의 사찰은 산속에 있지만 해동용궁사는 바다에 터 잡고 있어 더 좋은 것 같다.

두 번째 바다는 비릿한 연화리다. 바닷가를 산책하고 아침부터 해물 한상 차림을 먹었다. 바다와 전복죽은 제법 어울렸지만, 일찍 온 손님을 주인 아주머니는 마뜩잖게 쳐다보았다. 이른 출발이라 사전에 인터넷 검색을 했다. 다른 식당들은 대부분 10시부터 오픈인데 마침 그 식당이 9시 오픈이라 아침장소로 정했다. 사전에 전화도 드렸건만, 준비시간이 어쩌고저쩌고 하며 툴툴거린다. 그럼에도 아침식사는 충분히 맛있었다. 각종 해물에 따끈한 호박전이 식욕을 돋우었다. 어머니들의 눈대중 손맛을 누가 따라갈 수 있단 말인가.

아침을 든든히 먹고 커피 한 잔의 여유를 위해 세 번째 바다가 있는 웨이브온 카페로 갔다. '웨이브온'은 주말마다 전국에서 사람들이 몰리는 뷰(view) 맛집이다. 커피 한 잔을 들고 밖으로 나오면 바다가 드넓게 펼쳐져 있다. 군데군데 자리와 방석이 마련되어 있지만 인파 속 자리 쟁탈이 매번 치열하다. 올 때마다 줄서서 기다려야 했던 창가 방석들이 너그럽게 두 팔 벌려 우리를 맞아 주었다.

평일이란 하루가 이렇게 여유로울 줄이야. 진작 평일에 하루쯤 쉬어야 했다. 바다를 보며 커피를 마시는데 커피 향은 왜 그리 가슴을 설레게 하는지. 내 바다, 내 의자에 앉아 시원한 바람의 호사를 한동안 누렸다. 저 멀리 젊은 부부가 아기를 안고 셀카를 찍으려고 낑낑대는 모습이 시야에 들어왔다. 오지랖이 넘쳐 또 나서고야 말았다. 오늘은 쉬기로 한 날인데 말이다. 정중하게 사진을 찍어주겠다고 하자 상대편은 거절했다. 친구는 사진작가라며 나를 치켜세웠다. 그제야 부부는 스마트폰을 넘겨주었다. 바다를 배경으로 몇 장의 사진을 찍어 주었더니 무척이나 만족해하며 고마워한다. 오늘은 쉬는 날. 오늘의 업무는 이것 하나로 끝이다.

기장 마트에서 고기와 야채를 간단히 사서 일광에 위치한 네 번째 바다 신평소공원으로 갔다. 나는 가끔 신평소공원에 간다. 사람도 많지 않고 바다와 공원, 보트와 카페가 그림처럼 어우러진 모습이 좋아서다. 전화로 펜션도 예약해 두었다. 당일치기에 방까지 예약하는 손님을 펜션 주인은 궁금해 했다. 저녁이면 호박으로 변해서 빨리 집으로 가야 한다고 하자 수화기 너머 호탕한 웃음소리가 기분 좋게 들렸다. 일상에 지친 나는 잠시라도 바다를 보며 배 깔고 따뜻하게 누워 쉬고 싶었다.

푸른 바다가 내려다보이는 4층 숙소에 누워 친구와 도란도란 이야기를 나누다 보니 어느새 어둑한 저녁이 되었다. 알뜰히도 챙겨온 밑반찬에 고기까지 구워 푸짐한 저녁을 먹었다. 친구는 아쉬워하며 다음에는 하룻밤 자고 가잔다. 밤바다는 색색의 조명으로 치장을 화려하게 하고 더 놀다 가라며 발목을 붙든다. 일하는 하루는 그리도 길더니 노는 하루는 왜 이리 짧은지.

도시 변두리에서는 어둠이 서둘러 내려앉았다. 야간운전이 서툰 나는 친구의 손을 잡아끌었다. 좁은 시골길을 한 시간쯤 달리자 도시의 불빛들이 친근하게 다가왔다. 익숙한 대로를 타고 친구를 집까지 데려다 주었다. 퇴근하듯 익숙하게 집으로 돌아와 누웠다. 쉴 수 있어 행복한 하루였다. 바다여행 덕분에 달달한 잠이 별처럼 따스하게 쏟아진다.

길고 긴 밤

서로의 어깨를 기꺼이 내어주며 멋지게 늙어가고 싶다.

"눈이 보이지 않으면 눈이 보이는 코끼리와 살을 맞대고 걸으면 되고, 다리가 불편하면 다리가 튼튼한 코끼리에게 기대서 걸으면 돼. 같이 있으면 그런 건 큰 문제가 아니야. 코가 자라지 않는 것도 별 문제는 아니지. 코가 긴 코끼리는 많으니까. 우리 옆에 있으면 돼. 그게 순리야."

코끼리고아원에 버려져 자신이 코끼리인 줄 알고 살아가던 흰 바위 코뿔소 노든에게 할머니 코끼리가 해준 따뜻한 말이다. 노든은 제 코가 왜 코끼리처럼 길게 자라지 않은지, 제 귀가 왜 펄럭이지 않는지를 오랫동안 고민하다 할머니의 이야기를 듣고서 안심한다. 지혜로운 코끼리 할머니가 들려준 진심어린 위로의 말에 내 마음마저 따뜻해졌다.

'나'로 산다는 것에 대한 숙제를 안겨주는 인생동화 《긴긴밤》을 읽으며 나의 긴긴밤을 천천히 돌아보았다. 누구나 그렇듯 내게도 무섭고 힘들었던 밤이 있었다. 아니 지금도 긴긴밤을 걷고 있는지 모른다. 코뿔소 노든에게 긴긴밤을 함께했던 친구가 있었던 것처럼 나에게도 지치고 어두웠던 긴긴밤을 묵묵히 지켜봐준 사람들로 인해 오늘까지 무탈하게 살아내고 있다.

오십 년을 조금 넘게 살아오면서 돌아보면 2016년과 2017년은 특히 힘든 해였다. 기억에서 애써 지우려 해도 불면의 긴긴밤이 찾아오면 내 기억은 야속하게도 그 시절로 죽어라 내달린다.

2016년 11월말이었다. 날이 제법 추워진 밤에 한 통의 부고 전화를 받았다. 20년 가까이 제자라는 이름으로, 후배라는 이름으로 나를 줄곧 따르던 지인의 죽음이었다. 파릇파릇한 대학신입생 때 패기 있게 남의 집 초인종을 눌러대며 수어를 가르쳐 달라고 조르던 그 아이는 어느새 전국에서 가장 유명한 수어통역사가 되었다. 서울로 간 그는 대학교수, 뉴스통역, 국회통역, EBS 수어방송에 이르기까지 눈부시게 활약했다. 농인에게도 청인에게도 사랑받는 통역사였다.

불시에 부산까지 달려오고, 불시에 전화를 걸어와도 늘 밝은 모습과 음성이라 일말의 걱정도 없었다. 나이 들면 부산으로, 내 곁으로 돌아오겠다던 그 약속을 믿었다. 객지에서 수많은 긴긴밤을 혼밥과 혼잠과 우울함에 힘겨워하리라고는 생각하지 못했다. 백세시대에 사십 년도 채우지 못하고 짧은 생을 외롭게 마감한 그 아이 때문에 나는 또 길고 힘든 밤을 보내야 했다. 장례식장이 있는 순천까지 장거리를 함께해 준 남편과 후배를 좋은 삼촌으로 기억하는 딸들의 위로로 힘겨운 고통을 버텨낼 수 있었다.

그다음 해인 2017년 봄은 내게 더 잔인했다. 아끼던 복지직 후배가 심장마비로 세상을 떠났다. 심성이 고와 어릴 때부터 불쌍한 사람만 보면 제 잠바를 벗어주었다던 그 아이는 당연스레 사회복지를 전공하고 복지공무원이 되었다. 어르신 민원들에게 한없이 살가운 청년이었다. 후배와 죽기 하루 전날에도 통화를 했었다. 일상의 안부와 일상의 건강을 묻고 며칠 후 저녁약속을 하고 무심히 전화를 끊었다. 하루 만에 생사가 갈리었다.

서울에 있는 형이 내려올 때까지 넋을 놓은 모친을 대신하여 장례식장을 이리저리 뛰어다녔다. 그 날은 내가 오랫동안 기다리던 6급 승진이 결정되던 날이기도 했다. 나는 동료들의 축하전화를 차마 받을 수 없었다. 그 아이는 저녁 약속도 지키지 못하고 황망히 내 곁을 떠났다.

그와 함께 근무했던 직원들과 지금까지 모임을 이어오고 있다. 가끔은 정관추모공원에 가서 그리운 얼굴을 보기도 한다. 사진 속의 미소는 여전히 청춘이다. 함께한 추억이 있어 긴긴 밤이 그리 아프지만은 않다.

내 인생의 긴긴밤이 그렇게 끝나는 줄 알았다. 노모의 갑작스런 위암 판정과 짧은 투병생활로 헤어짐을 준비도 못한 채 지난봄 벚꽃 향기 속에 모친을 떠나보내야 했고, 올해는 가족들의 잇단 코로나 감염으로 상상 코로나에 지독하게 시달려야 했다.

그 기나긴 시간 동안 다행히 나는 혼자가 아니었다. 언제나 내 옆에는 가족이 있었고, 친구가 있었고, 동료들이 있었다. 앞이 캄캄할 때는 사람에게 기대었고, 다리가 후들거릴 때는 누군가의 튼튼한 다리를 붙들고 길고 긴 터널을 지금까지 잘 걸어올 수 있었다.

나의 긴긴밤은 아직도 진행행이다. 지칠 때마다 기댈 수 있는 사람이 옆에 있음에 감사한다. 남은 생도 고비마다 우여곡절이 많겠지만 내겐 여전히 긴긴밤을 함께해 줄 멋진 사람들이 있다.

필요한 곳에서 서로의 어깨를 기꺼이 내어주며 '우리'라는 이름으로 함께 늙어가고 싶다.

4부
내일을 봅니다

독립투사들의 빛바랜 사진 한 장에 눈길이 머물자 왈칵 눈물이 쏟아졌다. 잃은 조국을 되찾기 위해 얼마나 고생하고 투쟁했던지 하나같이 움푹 팬 얼굴에 광대가 드러나도록 비쩍 말라 있었다. 옷은 초라하고 남루하기 그지없었다. 하나 그들의 눈빛만은 매섭게 살아나 독립의 의지를 불태우고 있었다.

- 〈첫 번째 집〉 중에서

첫 번째 집

선배들의 뜨거움을 본받아 이 자리를 든든히 지켜갈 것이다.

그 집은 떠나기 위한 집이었다.

TV 속 배경 음악이 잔잔하게 흐르면, 낯선 카메라 워킹이 음표를 따라 경쾌하게 좁다란 골목을 비춘다. 카메라 렌즈가 다소 어두운 골목길을 거쳐 허름한 모퉁이 집에 멈춘다. 우뚝하게 마주하고 서있는 붉은 벽돌집. 카메라는 벽돌집에 붙어있는 금속 재질의 낮익은 간판을 천천히 확대시킨다. 大韓民國臨時政府(대한민국임시정부).

내 집을 갖는 게 꿈인 세상에서 이 집은 말하고 있습니다.
우리의 꿈은 이 집을 떠나는 것이라고……. 중략 …….
어떤 집은 다른 꿈으로 살아갑니다.

여자 아나운서의 정갈하고 차분한 내레이션을 들으면서, "우리의 꿈은 이 집을 떠나는 것입니다."라는 멘트가 마음 한편에 자리하고 내내 머릿속을 떠나지 않았다.

사람들에게 집은 따뜻한 보금자리이며, 편안한 휴식처이다. 사랑하는 가족이 있고, 웃음이 있고, 사랑이 넘쳐나는 정겨운 곳이다.

슬프게도 그 옛날 어떤 이들에게 집은 불안한 곳이었고, 쫓기는 곳이었고, 속히 떠나야만 하는 곳이었다. 젊은 나이에 부모와 가족과 고향을 떠나 잃어버린 나라의 독립을 위해 투쟁하던 그들에게 타국에서의 집은 어떤 곳이었을까.

오십 년 인생을 바쁘게 살아내느라 나는 몹시 지쳤다. 다양한 민원욕구와 늘어가는 복지사각지대, 날로 민감해지는 사람들과의 끝없는 실랑이 속에 나는 자신을 잃어가고 있었다.

그 때문이었으리라. 대한민국 첫 집을 만나러 가기로 결심한 것은. 재충전을 핑계로 무턱대고 떠난 상해여행이었다. 푸동 공항 제2터미널은 끝이 보이지 않는 터널처럼 길었고 광화문 광장처럼 드넓었다. 아무리 걸어도 벗어날 것 같지 않은 수많은 게이트는 실시간으로 승객들을 토해내고 있었다.

공항을 벗어나자마자 펼쳐진 상해의 야경은 아름다웠다. 기대했던 것보다 웅장하고 화려했다. 그들이 자랑하는 도시의 랜드마크인 동방명주는 바벨탑처럼 하늘을 향해 치솟아 있었다, 빼곡히 들어선 건물들도 형형색색 조명으로 높은 빌딩을 치장하고 있었다.

다음날 찾은 대한민국 임시정부 청사는 지난밤의 상해 야경과는 거리가 멀어 보였다. 3층짜리 붉은 벽돌의 청사는 TV 속에 보이던 그 모습 그대로였지만, 우중충했다. 슬프리만큼 낡아 있었다. 좁은 골목길을 돌아 가파른 계단을 숨가쁘게 올라서니, 김구 선생님의 집무실이 맞이해 주었다. 김구 선생의 형상을 한 마네킹이 협소한 책상에 앉아 무언가를 열심히 적고 있었다. 좁은 부엌과 더 좁은 화장실이 조그맣고 쓸쓸하게 귀퉁이를 차지했다. 이 좁은 공간에서 그들은 독립된 넓은 세상을 꿈꾸며 하루하루를 버텨냈던 것이다.

김구 선생의 음성이 들리는 듯했다. "나라가 망하는 데도 신성하게 망하기도 하고 더럽게 망하기도 한다. 신성하게 망한다 함은 일반 인민이 의롭게 끝까지 싸우다가 어쩔 수 없이 망하는 것이요, 더럽게 망함은 일반 신민이 적에게 아부하다가 적의 술수에 떨어져 항복하고 망하는 것이다."

청사 벽면을 가득 채운 독립선언문과 항쟁 문서들, 독립투사들의 빛바랜 사진 한 장에 눈길이 머물자 왈칵 눈물이 쏟아졌다. 잃은 조국을 되찾기 위해 얼마나 고생하고 투쟁했던지 하나같이 움푹 팬 얼굴에 광대가 드러나도록 비쩍 말라 있었다. 옷은 초라하고 남루하기 그지없었다. 하나 그들의 눈빛만은 매섭게 살아나 독립의 의지를 불태우고 있었다. 힘없는 대한의 독립을 위해 숱한 밤을 새웠고, 독립자금을 마련하기 위해 머나먼 길을 걸었고, 일본의 만행을 알리기 위해 목숨까지 바쳤던 젊은 독립투사들. 그들의 희생이 있었기에 오늘의 우리가 이리도 풍족하게 이 땅을 제집으로 하여 살아가고 있는 것이다.

임시정부청사를 떠나면서 나는 방명록에 정성을 눌러 담아 기록했다. "고맙습니다. 기억하겠습니다."

내 기억 속 첫 번째 집은 바닷가에 있었다. 가난한 마을의 아버지들은 일용직 일거리를 찾아 새벽출근을 한다. 아침 한 술 뜨고 나면 어머니는 동네 아주머니들과 우르르 공장으로 하루벌이를 갔다. 아이들은 온 마을을 돌며 숨바꼭질을 했고 아무 집이나 들어가 점심끼니를 해결했다. 노인들은 툇마루에 앉아 고구마순과 콩나물을 다듬으며 수다를 떨었다.

젊은 독립투사들의 고향집도 그러했으리라. 아궁이에는 넓은 가마솥이 걸리고, 굴뚝에 연기는 일 나간 이들을 어서 돌아오라고 손짓하는 따뜻한 곳이었을 것이다.

상해의 밤거리는 관광객들로 이국적인 분위기를 연출했다. 거대한 조명과 반짝이는 상점들의 불빛들로 연약한 눈은 현혹

되었지만, 마음 한편은 내내 짠하고 무거웠다.

나는 일상으로 돌아왔다. 업무는 여전히 산재해 있고, 민원들은 여전히 날카롭게 다가온다. 백 년 전, 대한민국의 첫 번째 집을 위해 투쟁했던 선배들의 뜨거움을 본받아 나는 이 자리를 든든히 지켜갈 것이다.

소중한 사람들

소중한 사람들로 인해 돌아오는 가을밤이 한결 따뜻했다.

오영수라는 원로배우가 있다. 올해 79세로 연기 경력만 59년이라고 한다. 그는 작년 넷플릭스에서 히트한 〈오징어게임〉 시리즈에 001번으로 출연한 덕에 연일 화제의 중심에 서 있었다. 〈오징어게임〉은 456억의 상금이 걸린 의문의 서바이벌 게임에 참여한 사람들의 극한의 도전을 그린 상업영화다.

서바이벌 게임 중에 구슬치기가 있었다. 상대를 지목해서 그 사람의 구슬 10개를 모두 따야만 생존하는 끔찍한 게임이다. 물론 구슬치기에 생사가 달려있다는 게 영화적 상상이니 가능한 일이지만, 오영수 배우가 열연한 '오일남'이라는 치매 어르신과 이정재가 연기한 주인공 '성기훈'은 운명의 짝이 된다. 001번 오일남은 짝이 된 456번 성기훈을 깐부라고 불렀는데, 깐부란 어린 시절 새끼손가락을 마주 걸어서 편을 함께하던 내 팀, 짝꿍, 동지를 뜻한다. 주로 구슬치기, 딱지치기를 할 때 자기편을 가리키는 단어다.

영화 속에서 치매 노인은 상대방의 구슬을 거의 다 땄을 무렵 갑자기 홀짝을 헷갈리기 시작한다. "내가 자네에게 뭐라고 했지?" 평소 기훈의 성품이라면 '짝'이라고 솔직하게 말하고 구슬을 넘겨야 했지만 인간은 역시 생사 앞에서는 숨겨진 본성이 드러나는 법이다. "어르신, 홀이라고 하셨잖아요." 그렇게 가로채게 된 구슬 9개. 게임 종료 시간은 다가오는데 오일남은 마지막 1개의 구슬을 쉽사리 넘겨주지 않는다. 급기야 기훈은 화를 낸다. "어르신, 이건 너무 불공평하잖아요." 그때 조용히 한마디하는 오일남. “자네가 날 속여 뺏은 구슬은 공평하고?” 우물쭈물하는 기훈에게 다시 치매 노인으로 돌아온 오일남은 남은 구슬 하나를 넘겨주며 맑게 웃는다. “우린 깐부잖아.”

그 해 시월. MBC 예능 〈놀면 뭐하니〉에서 특집으로 오영수 배우와 인터뷰를 진행했다. 79세의 노신사는 국민MC 유재석의 어떤 질문에도 여유롭게 답을 했다. 요즘 어떻게 살아야 하나 고민하는 분들에게 한마디해 달라고 하자 오 배우는 “세상이 1등만 인정하는 경향이 있는데, 2등은 비록 1등에게는 졌지만 3등에게는 이긴 거다. 그러니 우리 모두는 승자다.”라는 명언을 남겼다. 우리나라 말 중에 ‘아름답다’라는 단어를 가장 좋아한다는 그는 아름다운 사람, 아름다운 세상, 아름다운 사회. 아름다운 유재석 씨를 만나 행복하다고 너그럽게 미소 지었다. 유재석의 눈시울이 금세 붉어졌다. 우리 모두 79세 어르신에게 아름다움과 친구라는 단어를 다시 배우는 공부시간이었다.

수년 간 평생교육원에서 수필수업을 들으면서 나에게도 깐부, 내 편이 생겼다. ‘노방초’라는 이름의 친구들이 그들이다.

다들 각자의 업무에 바빠 직장에서 얼굴 보기 힘들지만, 수요일이면 모든 약속을 뒤로하고 부경대평생교육원으로 달려온다. 서로의 안부를 묻고 수다를 떨고 늦은 밤까지 인문학 강의를 듣는다.

2022년이 되면서 '위드코로나'로 운신의 폭이 한층 넓어졌고 마음도 조금씩 여유를 되찾고 있다. 분주한 주말에 '동리목월문학심포지엄' 참석이라는 명분을 좇아 노방초 친구들과 오랜만에 경주로 향했다.

이른 아침 출발해 불국사 근처에 있는 '추억의 달동네'를 먼저 찾았다. 토요일이라 그런지 〈오징어게임〉의 여파인지 달고나 코너에는 아이들로 발 디딜 틈이 없었다. 어릴 때 함께 다녔던 교실과 양은도시락, 양장점, 동네담배가게, 소달구지까지 향수를 자극하는 코너들이 추억 속으로 우릴 유혹했다. 쉰 살이 넘은 친구들이 교복을 빌려 입고 깡충깡충 뛰어다니며 마음껏 놀았다.

얼마 만에 느끼는 사람의 향기인지 모른다. 마스크로 얼굴을 가려야 했지만, 북적거리는 인파들 틈바구니를 이리저리 헤집고 다니는 시간이 너무 좋았다. 허기를 채우기 위해 들렀던 맛있는 쌈밥집에서도, 유리창 너머 드넓은 저수지가 펼쳐진 커피숍에서도 여자 넷의 수다는 끊이질 않았다.

동리목월문학관을 거쳐 영혼이 그윽해진 우리는 불국사로 향했다. 불국사는 이미 색색의 단풍으로 짙게 물들어 있었다. 소복이 쌓인 낙엽만큼이나 가을이 묵었다. 석가탑과 다보탑은 어린 시절부터 보아온 모습 그대로 세월을 덧입고 있었고, 연화교와 칠보교 돌계단은 철조망에 가로막혀 돌고 돌아 대웅전에 올라야 했다.

해가 지자 친구들은 장거리운전으로 고생할 나를 걱정하지만, 내게는 함께할 친구들이 있지 않은가. 함께하는 소중한 사람들로 인해 돌아오는 가을밤이 한결 따뜻했다.

회복탄력성

오늘부터 다시 몸과 마음의 회복탄력성을 높여야겠다.

까무룩 잠이 들었다. 온몸이 두둥실 떠오른다. 바닷속으로, 구름 속으로 새털처럼 가벼운 몸짓의 부유(浮游)를 시작한다. 만족스런 잠행(潛行)이었다. 누군가 내 이름을 부르며 단꿈을 방해한다. 불러내는 여린 음성에는 간절함이 묻어 있다.

무거운 눈꺼풀을 억지로 떠본다. 천장은 드높았고 벽면은 온통 하얀색이다. 낯선 곳이다. 핑크색 제복을 입은 젊은 여자가 나를 내려다보고 있다. 괜찮으냐고 묻는 듯했다. 그제야 기억이 났다. 이곳은 검진센터 내시경 회복실이다.

건강검진을 위해 삼일 전부터 김치와 나물을 먹지 못했다. 안내문에 고춧가루, 깨소금을 먹지 말라고 표기되어 있었다. 하루 전에는 흰죽만 먹어야 했다. 대장내시경 약물을 복용하느라 저녁부터 금식하며 장(腸) 비우기를 밤새도록 반복했다. 안방 침대에서 겨우 열 걸음 안팎에 있는 화장실도 멀게만 느껴졌다. 두 번은 못할 짓이다. 하룻밤 설쳤다고 피곤이 뼈마디 숨골까지 파고든다.

이른 아침 깨끗하게 비워낸 위장으로 만반의 준비를 하고 검진센터로 갔다. 이곳저곳 정신없이 안내를 받으며 수십 가지 종류의 검사를 했다. 마지막으로 내시경검사를 위해 혈관을 잡고 내시경실로 들어갔다. 수면유도제에 취약한 나는 수면내시경을 할 때마다 두려움이 엄습한다. 몇 년 전에는 반나절 가량 깨어나지 못한 적도 있었다. 크게 심호흡을 하고 마음을 다잡아 본다. 가스를 주입하는 무슨 약물인가를 마시고 담당 직원의 지시대로 호흡을 하다 억지 잠으로 끌려들어갔다.

눈을 뜨고도 좁은 침대에 누워 한참을 생각했다. 여기가 도대체 어디인지, 내가 왜 이곳에 있는지를. 다행히 깨어났구나 생각한 순간, 울컥 눈물이 났다. 주책이다. 남들이 보면 큰 수술이라도 마친 중환자인 줄 알겠다. 부끄러웠다. 훌쩍이는 내게 간호사는 조금 더 쉬었다 일어나라며 위로해 주었다.

겨우 한 시간 남짓한 시간이었다. 위장과 대장 내시경을 위해 잠시 수면상태에 빠져있었을 뿐이다. 마치 죽었다 살아난 것 같은 뜬금없는 감정과 눈물의 원천을 진정하려 애썼다. 조울(躁鬱)의 감정이 또다시 널을 뛴다.

오후 1시. 모든 검사가 끝났다. 간호사는 의사를 만나고 가야 한다며 상담실 앞에 나를 버려두고 총총히 떠났다. 소파에 앉아 병든 닭처럼 꾸벅꾸벅 졸았다. 뱃속이 꾸르릉꾸르릉 소란스럽게 요동친다. 눈치 없는 가스는 스멀스멀 새어나온다. 빨리 집에 가서 눕고 싶은 마음뿐이다.

한참 만에 이름이 다시 불리고 상담실로 들어갔다. 상담실은 단출했다. 흰 가운의 의사는 컴퓨터 화면을 돌려 대장(大腸)

사진을 보여주며 용종도 없고 깨끗하다고 했다. 다행이었다. 위(胃)에는 위염 증상이 있으나 노화로 그런 것이니 걱정 말라고 했다. 상담의사의 친절한 설명에 마음이 조금 가라앉았다. 일상적인 건강 상담을 마치고 옷을 갈아입었다.

지난해, 위암으로 모친이 돌아가시자 나는 줄곧 위가 나빠지는 지독한 상상에 시달렸다. 자주 체했고, 식사량이 줄었으며, 육(肉)고기를 멀리하게 되었다. 좋아하는 국수와 라면, 밀가루 음식도 한동안 멀리했다. 나는 암의 유전성을 부인하려 했지만 생각은 위암을 끝내 떨쳐내질 못했다.

작년에도 건강검진을 받았다. 지금까지는 회사의 압력으로 의무검진을 받았지만, 올해부터는 자발적으로 매년 검진을 하겠노라 결심했다.

40대가 되기 전까지는 건강검진이 마냥 귀찮게 느껴졌다. 아무 이상도 없는데 2년마다 검진을 받는 것이 불필요하게만 느꼈다. 검진결과표는 항상 깨끗했다. 당연한 일인 줄 알았다. 어리석은 젊음의 자만이었다. 40대 중반을 넘으면서 건강검진 결과표에는 한 줄, 한 줄, 해마다 질병명이 늘어갔다. 위축성 위염, 수신증, 근종, 섬유화, 갑상선 결절 등.

이번에는 간(肝)에 조그만 혈관종이 생겼다고 했다. 양성이니 지켜보자는 의사의 말을 담담히 받아들였다. 올해도 질병 하나를 선물 받았다.

철없이 그저 60대를 그리워한 적이 있다. 60세가 되면 은퇴할 것이고 내가 편한 시간대에 내가 원하는 일들을 하며 여유로운 생활을 할 멋진 미래를 꿈꾸었다. 이제야 알았다. 내가 그리워한 60은 체력과 건강을 기반으로 한 나이였음을. 질병과 노화를 걱정해야 하는 달갑잖은 60이 턱밑까지 쫓아오고 있다.

나이 들수록 회복탄력성이 떨어지는 법이다. 며칠 밤을 새워 감사 자료를 준비해도 끄떡없던 강철 체력이 이제는 휘발유 게이지 줄듯 칸칸이 빠져나간다. 밤새워 비상근무라도 서게 되면, 며칠 밤낮을 고생해야 겨우 체력이 회복된다. 마음도 마찬가지다. 웃음과 미소로 여유롭게 넘겼던 평범한 일상이 욱하고 발끈하는 일들로 점차 바뀌어 간다. 인내력도 나이 따라 빠르게 휘발되고 있다.

병원에서 포장해 준 호박죽을 들고 햇빛이 눈부신 거리를 걸어 터벅터벅 집으로 돌아왔다. 정신은 아직도 맑지 못한 상태다. 예전 같으면 내시경을 하고도 태연히 일을 했고, 한두 시간 쉬고 나면 짱짱하게 회복되었다. 생의 절반을 넘으니 최소 반나절 이상은 숙면을 취해야 컨디션이 그나마 돌아온다. 이렇게 또 하루가 무사히 지나간다.

오늘부터 다시 몸과 마음의 회복탄력성을 높여야겠다. 꾸준한 걷기와 근력운동을 병행하고, 마음이 포근해지는 책을 읽고, 좋아하는 사람을 실컷 만나면서 건강한 60을 준비하리라 다짐해 본다.

팩스 전성시대

사무실 구석에 처박혀 있는 팩스기가
오늘따라 내 눈길을 끈다.

전자팩스의 시대다. 종이로 주고받던 팩스문서가 이제는 종이 없이도 온라인 송수신이 가능해졌다. 문서를 별도로 출력할 필요도 없다. 개인정보가 온라인으로 처리되면서 주민등록증 같은 민감한 개인정보도 안전하게 관리된다. 종이와 토너 등 소모성 예산도 상당히 절감되었다. 관공서에는 민원인용 일반 팩스기가 의례적으로 놓여있을 뿐이다.

나는 1995년에 결혼했다. 당시 대부분의 통신수단은 유선전화나 삐삐(무선호출기)였다. 삐삐 덕분에 공중전화부스는 연일 사람들로 북적거렸다. 모토로라가 야심차게 선보인 무전기형 휴대폰은 삼백만 원을 호가하는 고가품이었다. 까만 벽돌폰은 누군가에게는 부의 상징이었고, 또 누군가에게는 부러움의 대상이었다.

농인(聾人)의 집에는 전화기가 없다. 음성언어를 사용할 수 없으니 애당초 쓸모없는 물건이다. 대신 팩스(FAX)가 일반전화기의 역할을 했다. 종이에 글을 써서 상대방에게 의사표현을 해야만 도움을 받을 수 있었던 시절이었다. 그들에게 팩스는 재산이 아니라 생활필수품이었다.

대부분의 신혼부부가 그러하듯 나 역시도 살림살이가 빠듯했다. 십만 원 안팎의 전화기와 삼십만 원짜리 팩스기 중에 가격이 저렴하다는 이유로 일반 전화기를 선택했다. 남은 돈으로는 동글이 청소기를 구입했다. 집들이 때 방문한 농인들은 몹시 서운해 했다. 차마 팩스기 살 돈이 없다고 말할 수 없었던 나는 애먼 식탁만 닦고 또 닦았다.

몇 개월이 지난 어느 날이었다. 저녁을 먹고 난 남편은 뭐가 그리 기분이 좋은지 연신 싱글거리며 거실을 배회했다.

"당신, 기도 응답 받았더라. 축하해." 성적표를 두 손에 들고 칭찬을 기다리는 아이처럼 남편의 음정은 한껏 들떠 있었다.

"밑도 끝도 없이 그게 무슨 말이야?" 나는 설거지를 하면서 무심하게 물었다.

"있잖아. 통장에 눈먼 돈이 들어왔는데 말이야." 남편은 한참을 뜸들이다 이야기해 주었다.

그즈음 언론에서 오랫동안 찾아가지 않은 보험금을 되돌려준다는 보도가 있었다. 보험에 관심이 없던 나는 흘려 넘겼다. 신랑도 잊고 있었다고 한다. 학창시절 잠시 보험회사에서 아르바이트를 한 적이 있었지만, 보험을 가입했는지 기억나지 않는다고 했다. 아무튼 친절한 보험회사에서 이십몇만 원을 찾아가라는 연락이 왔고, 드디어 돈이 통장에 입금되었다. 그 길로 나는 고무장갑을 벗어던지고 신랑을 앞세워 하이마트로 달려

갔다. 팩스기의 종류는 다양했지만, 우리는 불로소득에 꼭 맞는 가격으로 광택 있는 검정색 팩스기를 구입했다.

마침내 팩스의 전성시대가 시작되었다. 팩스기는 밤낮을 가리지 않고 꽥꽥거리며 사연들을 토해냈다.

"나 아파. 온나. 병원, 몇 시?" 한참을 들여다보던 남편이 묻는다. 도대체 이게 무슨 내용이냐고. 문장력이 약한 농인들은 가끔 중요 단어를 빠뜨리곤 한다. 나는 다시 팩스를 보낸다.

"어디가 아파요?, 병원은 어디로 갈 건가요?, 저는 몇 시까지 가면 되나요?" 한참 후에야 '드르륵'하고 추가 답신이 온다.

"배 아파요, 동아대병원 가요. 지금 오세요." 남편은 그제야 전후 사정을 이해한다.

나는 농인의 아내가 출산의 고통으로 힘들어할 때도 함께했다. 이사 갈 집을 구하지 못해 산동네를 온종일 돌아볼 때도 옆에 있었다. 농인의 딸이 인공와우(인공 달팽이관)를 이식하는 수술을 받을 때도, 와우가 터져 재수술할 때도 늘 그들과 함께였다. 나는 농인의 성실한 귀가 되었고, 다정한 입이 되었다.

난생처음 법원이란 곳도 가보았다. 판사가 물었다

"두 분은 동의하에 이혼하기 원하시는 건가요?" 나는 수어로 판사의 말을 통역해 주었다. 이유 따위를 물어보거나 별다른 조정 의견은 없었다. 이혼 당사자들은 짧게 대답했다. "네."

나는 음성언어로 판사에게 그들의 의견을 전달했다. 판사는 이혼확인서를 주면서 석 달 이내 구청이나 시청에 가서 신고하면 이혼이 확정된다고 설명했다. 그게 다였다.

서류 정리를 끝낸 부부는 각자의 길로 갔다. 나는 집으로 돌아왔다. 커다란 양푼에 찬밥과 나물을 쓱쓱 비벼 입 속으로 욱여넣었지만 마음의 허기는 쉽게 달래지지 않았다.

밀레니엄시대가 시작되면서 휴대폰 시장도 확대되었다. 음성통화만 가능하던 시티폰이 드디어 휴대폰으로 진화하기 시작했다. 2007년 3세대 이동통신이 상용화되면서 영상통화 기능을 탑재했고 농인들은 열광했다. 2009년에는 웹서핑, 게임, 문서 작성까지 가능한 스마트폰이 세상에 나왔다. 현재는 LTE보다 20배나 빠른 속도를 자랑하는 5세대 이동통신이 대세를 이루고 있다.

농인들은 글을 써서 보내고 받아야 하는 불편한 팩스 대신에 문자송신이나 영상통화가 가능한 스마트폰을 선호하게 되었다. 닦고 쓸었던 팩스기는 어느새 무게만 나가는 애물단지가 되었다. 아이를 낳고 두어 번의 이사를 거치면서 자연스레 팩스기가 사라졌다. 버리지도 않았는데 어디로 갔는지 도통 모를 일이다. 팩스의 시대는 그렇게 끝이 났다.

돌아보면 힘들었지만 행복한 시간이었다. 보내온 문장은 완벽하지 못했지만, 뭔가를 쓰면서 간절했을 농인들과 사연을 전해 받으면서 그들을 이해하려 애썼던 내 열정이 그리워진다.

사무실 구석에 처박혀 있는 팩스기가 오늘따라 내 눈길을 끈다. 퇴근시간에 그에게 다가가 늙수그레한 녀석의 널찍한 어깨를 토닥토닥 쓰다듬어 주어야겠다.

백신 분투기

뜻하지 않은 조기퇴근이 기분 나쁘지 않은 금요일 오후다.

새벽부터 비가 온다. 여름장마도 아닌데 제법 굵은 빗줄기가 쏟아진다. 미끄러운 빗길에 백신 접종을 위해 길게 줄 설 어르신들을 생각하니 출근길이 바쁘다. 나는 우암동 복지팀장이자, 백신 담당이다.

지난해 3월. 질병관리청에서는 75세 이상 어르신들에게 화이자백신을 맞으라고 TV와 언론매체를 통해 전방위적으로 권고했다. 정부는 '실적'이라는 명목하에 현업 부서를 압박하기도 했다. 접종대상이 워낙 고령이다 보니 동행정복지센터로 백신 업무가 떨어지는 건 당연한 수순이었다.

3월 중순에 부랴부랴 통장님들을 통해 가가호호 어르신 댁을 방문하여 백신접종동의서를 받았다. 평소에 부모님께 연락도 없다던 아들은 백신 부작용을 들먹이며 애먼 동행정복지센터에 항의성 전화를 해댔다.

관내 1,200명의 어르신들을 모시고 매주 2~3회 용호동 백운포 체육공원을 오가며 백신 접종을 하는 동안 3개월의 시간이 훌쩍 지나가 버렸다. 몸이 불편한 어르신들을 위해 45인승 관광버스까지 동원되었다. 홀로 사는 어르신들의 이상반응 체크를 위해 접종 후 3일간 확인하는 의무적인 모니터링도 추가 업무가 되었다.

추운 날은 추운 날대로 더운 날은 더운 날대로 그럭저럭 100명씩, 때로는 150명씩 접종하고 있었으나 복병은 '비'였다. 비 오는 날 아침이면 나도 모르게 기도를 한다. 먼 길 우산 들고 오가실 고령의 어르신들이 걱정이 돼서다. 소금장수 아들을 둔 엄마의 마음이 이럴까 싶기도 하다.

45인승 대형버스가 집결지에 도착하면 20명씩 차례로 탑승한다. 한 자리에 한 분씩만 앉도록 거리 두기를 독려하지만 앞자리 쟁탈전은 여전하다. 우리 동을 표시하는 분홍색 목걸이를 걸어드리고, 발열 체크를 하고 용호동 백신센터에 도착한다. 버스에서 하차하면 또다시 신분 확인이 시작된다. 신분 확인이 끝나고 다시 체온 측정을 마쳐야만 국민체육센터에 마련된 백신접종센터에 입장할 수 있다.

수십 명씩 같은 방에 모여 접종 전 사전교육을 실시한다. 접종 후 약물복용과 사후관리에 대한 브리핑이 이어진다. 한참을 기다리면 2층에 마련된 예진실로 올라가는 어르신들의 뒷모습을 확인할 수 있다. 의사는 접종 대상자의 건강상태를 체크하여 접종 가능 여부를 판단한다. 2층에서 합격하면 3층으로 올라가서 또다시 줄을 선다. 2층에서 불합격하면 다음 차수로 연기되고 소득 없이 집으로 돌아와야 한다. 그사이 3층에서는 쉴 틈 없이 백신 접종이 이루어진다. 접종이 끝났다고 바로 귀가할 수는 없다. 이상반응 확인을 위해 15분~30분간 무료한 대기가 또 이어진다.

센터 입구에는 각동의 인솔자들이 어르신들 접종을 마치고 내려오기를 목 빼고 기다린다. 명찰을 확인하고 탑승 차량 장소로 안내한다. 회송 차량이 무사히 집결지에 도착하면 그제야 가슴을 쓸어 담고 사무실로 복귀한다. 반나절이 지나면 그렇게 또 백신 출장의 하루가 끝이 난다.

6월 초였다. 불안, 불안하던 하늘에 시커먼 먹구름이 용심을 부리더니 기어이 폭우를 쏟아낸다. 오늘도 소금장수 엄마의 기도는 우산장수 엄마를 이기지 못했다. 비는 하루 종일 그칠 줄 모르고 심술을 다해 대지를 적신다. 궂은 날을 마다하지 않고 어르신들은 관광버스를 타기 위해 약속시간에 삼삼오오 모여든다. 탑승을 위한 일련의 의식을 경건히 치르고 배차된 차량에 조심조심 오른다. 1호차, 2호차, 3호차.

문제는 언제나 방심한 틈을 노리다가 돌아올 때 본색을 드러낸다. 1호차, 2호차까지 여느 날처럼 순조롭게 회송했다. 마지막 3호차는 어르신 한 분이 탑승하지 않아 대기해야 했다.

다급해진 나는 개인 핸드폰으로 어르신께 연락을 했다. 열이 나서 아직도 3층에서 기다리고 있다고 한다. 3호차 기사는 빨리 가자며 눈치를 준다. 버스에서 휴식을 취하고 계신 19명의 어르신들께 양해를 구하고 3층으로 달려갔다. 분홍색 명찰을 목에 걸고, 명찰보다 더 진한 분홍 조끼를 입은 어르신이 대기실에 초조하게 앉아 있었다. 직원에게 부탁하여 겨우 접종을 마쳤다. 의사는 버스에 바로 탈 수 없으니 30분 이상 대기했다 모셔 가라고 서늘하게 말했다. 어르신의 흔들리는 눈빛만큼이나 내 마음도 일렁였다.

"어르신, 제가 셔틀버스로 어르신들 모시고 갔다가 전기차로 다시 모시러 올 테니 충분히 쉬고 계세요. 곧 모시러 올게요."

"선생님, 저는 길도 몰라요. 데리러 올 때까지 여기서 기다릴게요." 팔순 노인의 간절한 눈빛이 나를 향하고 있다.

회송버스를 타고 목적지까지 도착해 어르신들을 부랴부랴 배웅했다. 동행정복지센터로 달려가 충전기를 뽑고 전기차를 몰았다. 청바지가 다 젖었다. 액셀을 밟아 부리나케 용호동까지 내달린다. 내 사정을 알 길 없는 빗줄기는 더욱 세차게 퍼붓는다.

접종센터 주차장에 도착하자마자 전화부터 걸었다. 어르신의 목소리에 안도감이 전해온다. 대형버스에 여러 사람과 가는 것보다 혼자 자가용차를 타서 좋다고 오히려 즐거워하신다. 어르신의 순박함이 훅하고 마음에 들어왔다. 돌아오는 내내 팔십 년 인생사를 덤으로 들어야 했다. 나는 어쩔 수 없는 복지공무원이다.

집으로 모셔다 드리고 나오는데 연신 차 꽁무니에 대고 인사를 한다. 사무실 책상에 앉으니 젖은 바지의 물기가 맨살까지 파고든다. 으슬으슬 감기 기운이 든다. 퇴근 두 시간을 남기고 결국 조퇴를 결정했다. 여전히 비는 그칠 생각이 없어 보인다. 뜻하지 않은 조기퇴근이 기분 나쁘지 않은 느지막한 금요일 오후다.

덕분입니다

모처럼의 장거리 여행에 발걸음이 날아갈 듯 사뿐거린다.

앙증맞은 캐릭터 모양의 캐리어를 끌고 KTX 고속열차에 올랐다. 얼마 만에 타보는 기차인지 모른다. 복서원 사회복지현장글쓰기 교육이 대면수업으로 전환된 덕분에 이른 아침 설레는 마음으로 집을 나섰다. 오송역으로 가는 길이 벚꽃 잎 흩날리듯 가볍기만 하다.

2년이 훌쩍 넘는 긴 시간이었다. 코로나19로 더운 날이나 추운 날이나, 어린아이나 어른이나 마스크로 호흡기를 가려야 했다. 사람들의 눈은 기억하나 얼굴 생김새는 잊은 지 오래다.

그동안 감염병 바이러스를 너무 만만하게 보았다. 금세 수그러들 줄 알았던 코로나는 기대와 달리 변종에 변종을 거듭하며 끈질기게 우리 옆에 붙어 있었다.

바깥 풍경도 많이 바뀌었다. 거리마다 수십 혹은 수백의 마스크들이 흑백의 물결을 이루고 있다. 사람들은 너나 할 것 없이 마스크로 얼굴을 꽁꽁 여며 싸고 누가 먼저랄 것도 없이 서로를 경계하고 멀리하는 모양새다. 정부에서 야외 마스크 의무화를 해제했지만 여전히 불안감을 감출 수 없다.

2020년 2월. 우한폐렴이 유입되면서 코로나19라는 정체불명의 바이러스가 나라 안팎을 혼란스럽게 했다. 복지팀장으로 동(洞)에 발령받은 지 겨우 두 달 만의 일이었다.

평화로운 주말 오후에 구청이 보낸 긴급 문자를 받고 급히 출근했다. 경로당에 코로나 확산방지를 위한 휴관 안내문을 붙이라는 게 주된 내용이었다. 직원과 함께 추운 날씨에 언 손을 불어가며 관내 경로당 18개소에 휴관 안내문을 부착했다. 경로당 안에 계신 어르신들을 어르고 달래 반강제로 해산시켰다. 담화문과 안내문을 붙이며 귀가를 독려하던 내게 한 어르신의 뾰족한 한마디가 뒷등을 때렸다.

"보소, 거 동직원 양반. 감염병인지 뭔지 걸리기 전에 집안에서 갑갑해가 내가 먼저 죽겄소."

재개발 산동네 좁은 방이 답답해 경로당에서 숨 좀 쉬겠다던 어르신의 말씀이 호소인지 애원인지 협박인지 모를 정도였다. 그리고 한 주 뒤에 휴관 연장 안내문을 다시 부착했다. 경로당과 복지관은 지난 2년 간 휴관과 개관을 반복했다.

내 일상에도 변화가 일어났다. 즐겨하던 운동을 한동안 그만두었다. 자주 가던 카페에도 발걸음을 끊었으며, 친구와의 만남 대신 톡이나 전화를 하게 되었다. 다니던 교회는 지역사회 감염 확산을 우려해 40년 역사상 처음으로 대면예배를 중단하기도 했다. 생활 동선을 단순화하면서 평범한 일상이 얼마나 소중한지를 절실히 깨달았다. 거리낌 없이 거리를 활보하고, 친구와 맛집을 찾아다니고, 예쁜 찻집에서 침 튀기며 수다

떨던 평범한 일상이 꿈처럼 느껴졌다.

열심히 손을 씻고, 마스크도 KF94로 착용하고, 생필품 구입도 쿠팡으로 대체했다. 반복되는 코로나 확산으로 감염자 수가 늘어나면 가슴을 쓸어내려야 했고, 코로나가 주춤거리면 감사기도가 절로 나왔다. 평범한 시간으로의 복귀는 더뎠지만 멈춘 건 아니었다. 인고의 기다림이 끝나자 일상이 조금씩 회복되고 있었다. 그럼에도 마스크로 가려진 사람들의 표정은 여전히 불안하기만 하다. 어린 아이들은 마스크를 하지 않으면 어린이집에 가지 않겠다고 떼쓰는 일도 생겼다는 아이 엄마의 이야기를 들으면서 우리는 언제쯤 코로나에서 정서적으로 해방될지 걱정이 앞선다.

대학 졸업반인 막둥이는 신입생이었던 1학년 한 해만 캠퍼스 생활을 제대로 누렸고, 4학년이 되어서야 겨우 대면수업에 자유롭게 참여할 수 있게 되었다. 실로 안타까운 일이 아닐 수 없다.

봄비가 세차게 내리던 월요일 늦은 오후였다. 흰 마스크보다 더 하얀 얼굴을 한 사십대 초반의 주부가 찾아왔다. 직원들이 몰려드는 민원으로 바쁜 탓에 상담을 대신 맡게 되었다. 코로나 와중에 남편이 뇌출혈로 쓰러져 대학병원 응급실에 있다며 서럽게 울었다. 병원장 허락을 받고 잠시 외출했다는 그녀는 마스크를 내리고 연신 눈물과 콧물을 훔쳤다. 나는 끊임없이 휴지를 건네주며 묵묵히 속내를 들어주었다. 평생 남편만 바라보던 평범한 주부가 어느 날 가장이 없는 가정의 무게를 어떻게 감당할 수 있겠는가. 두 딸의 교육비와 남편의 병원비를 걱정하는 그녀에게 긴급지원과 수급신청 관련 서류를 이것저것 안내해 주고 담당자에게 챙겨 보라고 단단히 일러두었다.

한 달쯤 지났을까. 그 날도 월요일 오후였다. 날씨는 다행히 화창했다. 쭈뼛거리며 구석진 내 자리까지 들어오는 깡마른 체구의 그녀를 하마터면 몰라볼 뻔했다. 마스크 너머 눈빛이 따스하게 나를 향해 있었다. 선생님 덕분에 수급자가 되었다며 그녀는 한바탕 눈물을 쏟았다. 나는 또다시 휴지를 건네며 다행이라고 그녀를 토닥였다. 자신의 말을 귀담아들어 주어 고마웠다는 그녀를, 힘내서 열심히 살겠다는 그녀를 문밖까지 배웅했다. 가슴이 따뜻해지면서 눈가가 붉어졌다. 우리는 모두 그렇게 누군가의 관심과 배려로 살아가고 있다.

수년 간 뉴스를 통해 본 의료진의 모습은 비장했다. 얼굴에 깊이 팬 마스크 자국과 코호트 격리된 병원 바닥에 구겨진 박스마냥 쓰러져 자던 간호사의 쓸쓸한 어깨를 보았다. 두 줄 반창고를 이마에 훈장처럼 붙이고 해맑게 웃던 모습도 기억한다. 코로나와 사투를 벌이던 그들의 모습은 감사를 넘어 존경심을 갖게 했다.

코로나는 결국 코리아를 이길 수 없었다. 우리는 자기 자리를 지켜내는 누군가의 덕분으로 다시 일어서려 한다. 그리고 천천히 평범했던 일상으로 돌아가고 있다.

오송역에 천천히 내려서며 낯선 공기를 한껏 들이마신다. 모처럼의 장거리 여행에 발걸음이 날아갈 듯 사뿐거린다.

상상코로나

버티고 버텼지만 상상은 슬픈 현실이 되었다.

사무실 전화기가 하루 종일 귀가 아프도록 울어댄다. 연일 수십 명의 재택격리 해제자들이 코로나 생활지원금 신청을 위해 동행정복지센터에 줄을 선다. 각 부서마다 확진자가 속출하는 바람에 동료들은 서로를 멀리하며, 점심도 각자 흩어져 해결한다. 기존 업무에 병가 중인 직원들의 업무대행까지 처리하느라 다들 지쳐가고 있다. 오미크론 방역 비상, 코로나 생활지원금 신청 폭증, 선거업무까지 공직사회의 빨간 비상등은 갈수록 더 붉어진다.

오미크론 확산 때문에 지난 2월 16일 공직선거법도 개정되었다. 감염병 환자 등에 대한 선거권 보장 항목이 신설되자 3월 9일에 실시한 제20대 대통령선거의 투표시간이 1시간 30분 연장되었다. 일반 유권자는 기존대로 오전 6시부터 오후 6시까지, 코로나 확진자와 격리자는 오후 6시부터 7시 30분까지 동일한 투표소에서 투표권을 행사했다.

문제는 역대 최고의 투표율을 달성한 사전투표였다. 중앙선관위는 사전투표 이틀째인 3.5(토) 오후 5시부터 6시까지 1시간 동안 일반인 투표와 확진자 투표의 동시진행을 감행했다. 선거인의 동선이 겹친다고 투표관리관들은 항의했지만, 중앙부서의 결정은 강력하고 단호했다.

투표소 외부에 임시투표소를 설치하긴 했지만 예견했던 대로 확진자들은 오후 4시부터 몰려들기 시작했다. 추운 날씨에 허름한 방호복을 입고 확진자들의 불평까지 막아내느라 몸도 마음도 너덜거렸다. 그 고생을 하고도 주말 내내 언론의 질타를 받아야 했다. 부정투표니 비닐봉투에 담아 이동을 했다느니 확진자 사전투표에 대한 부적절한 관리가 언론의 헤드라인을 장식했다. 언론의 뾰족한 화살은 중앙선거관리위원회로 향했지만, 사전투표관리관의 한 사람으로 씁쓸한 기분을 지울 수 없었다.

꼬투리를 잡은 정치권은 들썩거렸다. 결국 선거일 당일 확진자들은 임시기표소가 아닌 투표장으로 들어와서 직접 투표권을 행사키로 투표 일정이 전면 수정되었다. 감염 유권자들을 위해 투표 사무원 11명과 참관인 4명은 전원 방호복으로 무장해야 했고, 창문을 열어둔 채 추위와 싸워야 했다. 90분은 길고도 예민한 시간이었다.

선거의 여파는 생각보다 컸다. 투표 종사원들은 하나둘씩 감기와 인후통을 호소했고 너도나도 병가를 냈다. 추가 확진자도 여러 명 발생했다. 무증상자도 자신이 이미 감염되었을지 모른다는 두려움에 떨어야 했다.

사전투표와 선거당일 투표까지 함께했던 한 직원은 컨디션 악화로 며칠간 혼밥을 먹었다. 아무래도 자신이 코로나에 감염된 것 같다며 걱정했다. 신속항원검사에서 음성이 나오자 그제야 표정이 밝아졌다. '상상'코로나는 '확진'코로나만큼이나 심적 불안을 높였다.

나도 그랬다. 사전투표관리관과 선거일 투표관리관이었던 나는 2월 중순에 큰딸이 확진되면서 긴장해야 했다. 딸아이를 제 방에 독방 감옥처럼 가두고 일회용 용기에 식사를 넣어주며 아이를 재택 감금시켰다. 남은 가족들은 밀접접촉자로 분류되어 PCR 검사를 2회나 의무적으로 받았다. 그리고 알았다. 지금까지 PCR 검사를 받지 않고 잘 버텨왔다는 사실을.

큰딸이 격리해제 되기 하루 전날, 마지막 검사에서 막내마저 양성 결과를 받았다. 3차 접종까지 마친 막내딸은 내심 억울해했다. 선거가 코앞인데 더는 버티기가 어려웠다. 남편은 집 근처 호텔을 예약해주며 사전선거 마칠 때까지 편히 나가 있으라고 했다. 투표관리관만 아니었어도 집을 떠나지는 않았을 것이다. 책임을 맡았으니 사전투표까지 원치 않은 8박 9일의 외출이 시작되었다.

국제금융단지의 화려한 불빛과 36층의 호텔은 색색의 조명으로 반짝였지만 나는 여전히 자차로 출퇴근만 반복할 뿐이었다. 주변의 맛집들이 달콤한 냄새로 유혹했지만 나는 외출을 자제했다. 잠자리는 호텔로 바뀌었어도, 매일매일 코로나 감염에 대한 걱정은 줄어들지 않았다. 퇴근 후 정돈된 이부자리와 깨끗한 욕실이 몸을 편하게 감쌌지만 마음은 감염에 대한 우려로 불안했다. 지난해 부산시장 보궐선거 때 갑작스런 모친상으로 투표관리관을 사직한 부담감이 여전히 마음속 스트레스로 남아 있었기 때문이다. 이번 선거만큼은 무탈하게 마무리하고 싶었다.

이틀에 한 번 꼴로 자가키트로 감염 여부를 체크하면서 가슴을 쓸어내렸다. 선거 당일 코로나 양성반응이 나오면 어쩌나하는 걱정으로 잠을 설쳤다. 사전투표를 마무리하고 집으로 오니 2킬로나 몸이 축나 있었다. 선거 당일 투표까지 마치고 나니 온몸 여기저기서 아프다고 툴툴거린다. 피로회복제와 비타민을 챙겨먹고 오미크론에 감염되지 않았음에 감사하며 하루하루를 간신히 버텨내고 있었다. 머릿속에 맴도는 '상상'

코로나는 여전히 나를 불안에 떨게 했다.

상상은 간혹 현실을 압도한다. 상상임신도 똑같이 입덧을 하듯, 상상코로나 역시 열이 나고 목이 아픈 가상(假像) 고통을 경험하게 했다. '상상'의 나래가 연약한 마음을 마구 헤집어 댄다.

모두가 힘든 시간을 보내고 있었다. 누군가 기침을 하거나 목소리가 칼칼하게 변하면 서로를 의혹의 눈초리를 쳐다보았다. 당사자도 같이 근무하는 직원들도 참 못할 일이었다.

버티고 버텼지만 상상은 슬픈 현실이 되어버렸다.

선거를 무사히 끝내고 며칠 후 나도 코로나에 감염되었다. 줄줄이 감염에 더이상은 정신과 체력이 버텨내지 못했다. 꼬박 일주일 동안 자가격리되었다. 고열로 인후통이 심했고, 안방에 누워 외로운 시간을 보내야 했지만 마음은 오히려 편안했다. 6·1 지방선거는 확진유권자 투표상황에서도 마음 편히 치를 수 있었으니 말이다.

다시 갈 수 있을까?

언제쯤이면 올드퀘벡의 멋스러운 거리로 다시 갈 수 있을까.

날이 점점 서늘해진다. 게으름을 핑계로 미루었던 옷 정리를 시작했다. 얇은 옷들을 접어 박스 안에 차곡차곡 챙겨 넣는다. 박스 안에 잠자던 긴팔 옷을 꺼내 서랍장을 빼곡히 채워간다.

반가운 티셔츠를 발견했다. 빨간색 후드티다. 셔츠 전면에

'Canada'라는 로고가 큼지막하게 박혀 있다.

불과 3년 전에 나는 퀘벡의 아름다운 거리에 서 있었다. 도깨비문(《도깨비》라는 드라마에서 주인공이 드나들던 문)을 찾아다니며 한 폭의 수채화 같은 인생사진도 찍었다. 대자연이 주는 아름다움을 고스란히 품고 있던 캐나다의 맑은 공기가 그리워 잠시 가을 추억에 젖어본다.

토론토가 가까워지고 있다는 안내방송에 몸을 추슬렀다. 만석으로 빵빵하게 날고 있는 에어캐나다. 프리미엄급도 아닌 이코노미석에 온몸을 욱여넣고 14시간을 비행한다는 것은 체력과 인내력의 끝없는 싸움이었다. 지나간 영화를 몇 편이나 봤는지 모르겠다. 소화도 안 되는 좁은 공간에서 제공받은 식사는 사육당하는 느낌이었다. 옆자리에 앉은 인도청년은 컨디션 조절을 못해 비실대고 있었다. 식사시간에 깨워도 겨우 눈만 뜨고는 메뉴를 물어본 후 거절하기 일쑤였다. 음료를 권해도 물만 먹는 것이 내심 걱정이 되었다. 짧은 영어로 인사만 나누었는데 "Mam"이라 나를 부르며 이것저것 물어왔다. 내 몸도 귀찮았으나 공부하러 캐나다까지 간다는 까만 얼굴의 인도 청년을 차마 외면할 수 없었다. 식사시간마다 승무원은 빠른 속도로 영어를 쏟아냈고 인도 청년은 나만 쳐다보고 있었다. 나는 다시 천천히 영어로 청년에게 설명해 주었다. 승무원은 비프스테이크와 치킨스테이크 중에 선택하라고 미소 띤 얼굴로 강요하고 있었다. 인도 청년은 사이드메뉴에만 입에 댈 뿐, 고기류 일체를 거절했다. 옆자리 청년이 신경 쓰이긴 했지만, 꿈에 그리던 캐나다에 간다는 게 이른 크리스마스 선물처럼 느껴졌다.

토론토의 아침은 화창하고 쾌적했다. 덥지도 춥지도 않은 날씨가 우리네 늦가을과 닮아 있었다. 겨울에는 영하 30도까지 내려간다고 했다. 세계에서 가장 높은 CN타워는 553M의 높이로 캐나다의 랜드마크임를 자랑하고 있었다. 최고층 전망대에서 내려다본 온타리오 호수는 바다처럼 넓고 푸르게 펼쳐져 가히 머스트 시(MUST SEE) 코스라 부를 만한 장관이었다. 온타리오 호수는 물줄기를 타고 나이아가라 강까지 흐른다고 한다. 우리는 토론토 시청으로 향했다. 시청은 두 개의 타워(이스트 타워, 웨스트 타워)가 마주보고 있었는데, 시청 안에는 고풍스런 예술

품들이 많이 전시되어 있었다. 광장 앞 커다란 호수에는 분수가 시원하게 물줄기를 뿜어대고 있었고, 시민들은 여유롭게 피크닉을 즐겼다. 겨울에 호수가 꽁꽁 얼면 사람들은 시청 앞 광장을 스케이트장으로 애용한다고 한다.

다음 날은 나이아가라폴스가 우리를 맞이해 주었다. 나이아가라폴스는 미국과 캐나다 국경에 걸쳐진 폭포로서 북미에서 가장 크고 아름다운 폭포다. 유람선을 타고 거대한 폭포수를 온몸으로 맞으며 자연의 아름다움을 만끽했다. 핑크색 비옷으로 중무장한 관광객들은 흰색의 폭포수와 절묘한 대비를 이루었다. 사람들은 환호했다.

기다리고 기다리던 퀘벡에서의 하루를 아직도 잊을 수가 없다. 올드퀘벡은 눈길 닿는 모든 곳이 그림이고, 발길 닿는 모든 곳이 작품이었다. 샤토 프롱트낙 호텔. 그곳은 '공유'라는 배우가 도깨비가 되기 전부터 유명한 명소였다고 한다. 드넓은 잔디와 고풍스런 건물들, 형형색색 간판에, 크리스마스 가게까지. 도깨비가 타임워프하며 넘나들었던 빨간 대문 앞에서 나는 하늘하늘한 네이비색 원피스를 입고 기념사진을 찍었다.

도깨비문은 아쉽게도 단단히 잠겨 있었다. 우리는 불어를 사용하는 우아한 식당에서 점심을 먹고 몬트리올로 넘어왔다. 몬트리올 시청과 짜끄 까르띠에 광장은 관광객들로 넘쳐나고 있었고, 분수에서는 시원한 물줄기가 햇살을 받아 유리알처럼 영롱하게 빛나고 있었다.

집에 가야 할 시간이 다가왔지만, 하마터면 집으로 돌아오지 못할 뻔한 아찔한 사건이 터졌다. 모두 방심했다. 오전 11시 50분 비행시간을 오후 1시 50분으로 착각한 베테랑 가이드. 우리는 안내대로 전용버스에 편히 올라 공항 면세점을 쇼핑할 행복한 고민에 빠져 있었다. 수화물 부칠 시간이 마감되었다는 항공사의 냉엄한 통보를 받고서야 사태의 심각성을 깨닫게 되었다.

하루 같은 몇 시간이 흘렀다. 가이드는 핸드폰을 붙들고 여행사와 협상하느라 분주했다. 우리는 캐리어를 껴안고 망연자실 처분만 기다리고 있었다. 사라졌다 나타났다를 반복하던 가이드는 대한항공으로 탑승하라고 힘없이 안내했다. 비행기 요금의 차액은 고스란히 가이드의 몫이 되었다. 앞서가는 가이드의 처진 어깨가 아버지의 등짐 같아 마음이 짠했다.

우여곡절 끝에 짐을 부치고 대한항공에 몸을 실었다. 15시간을 정신없이 날아 인천공항에 도착했다. 도착시간을 지키지 못한 우리는 예약된 부산행 리무진을 타지 못했다. 짐 찾는 시간까지 늦어지는 바람에 마지막 국내선 비행기까지 놓쳤다. 남은 선택은 기차뿐이었다. 대형 캐리어를 끌고 서울역까지 가서 다시 KTX를 타느라 쓰러질 지경이었고, 조금만 더 늦었으면 KTX까지 놓칠 뻔했다.

자정이 가까운 시간. 부산역에 대기하고 있던 남편에게 캐리어를 버리듯 팽개쳤다. 집으로 돌아왔지만 시차 적응을 못해 며칠을 고생해야 했다. 또다시 맞이한 노란 가을이 나를 흔든다. 빨간색 후드티를 입고 거울 속 'Canada'를 응시한다.

언제쯤이면 올드퀘벡의 그 멋스러운 거리로 다시 갈 수 있을까.

25cm

사흘간의 짧은 휴가 중 하루가 지나간다.

사흘간의 짧은 여름휴가가 시작되었다. 밀린 집안 청소도 해야 하고, 서울에 취업한 딸아이도 만나러 가야 하고, 마무리하지 못한 출간 자료도 정리해야 한다. '~을 해야 한다.'는 빡빡한 스케줄 탓에 마음이 분주하다.

바쁜 일정 가운데 나 자신과의 약속을 먼저 지키기 위해 이른 아침 집을 나섰다. 개점시간에 맞춰 예약한 미용실에 들렀다. 새롭게 머리를 감고, 거칠게 층이 난 머리카락을 가지런하게 자르고, 고가의 헤어클리닉도 정성껏 받았다. 여름 내내 제멋대로 자라 푸석해진 머리가 전문가의 손을 거치자 단정한 똑단발이 되었다. 찰랑이는 머릿결에 한껏 기분이 좋아졌다. 60을 준비하는 나의 첫 번째 버킷리스트를 시작했다는 만족감으로 가슴이 설렌다.

지난달이었다. 저소득 한시 긴급생활지원금 선불카드 전달을 위해 부산성모병원을 방문했다. 예기치 못한 소낙비가 시원하게 대지를 적셨던 때였다. 병원에 입원한 수급자 어르신이 카드 지급기간에 퇴원을 못하게 되었다며 전화로 하소연을 했다. 지급 종료일이 지나면 카드를 발급받을 수 없으니 마음이 급하셨던 게다. 지원금 카드로 병원비라도 보태겠다는 어르신의 부탁을 거절하지 못한 나는 결국 용호동에 있는 부산성모병원으로 향하고 말았다.

빗속에 겨우 주차를 마치고 1층 로비로 갔다. 얼굴도 모르지만 나에게는 스마트한 핸드폰이 있다. 전화를 했다. 아직 병실이란다. 내려오는 엘리베이터만 지켜보고 있었다. 한 어르신이 링거대를 밀며 두리번거린다. 나는 어르신의 이름을 조용히 불렀다. 무사히 수급대상자를 만나 지원금 카드를 전달하고 건강을 물었다. 뒤통수에 대고 연신 감사인사를 하는 어르신을 뒤로하고 서둘러 병원 로비를 빠져 나오다가 수어통역을 하는 후배를 만났다.

잠시 통역실로 가자는 후배의 청을 거절하지 못해 1층 수어통역사실로 들어갔다. 부산성모병원은 갈 때마다 부러운 게 있다. 천주교에서 운영하는 성모병원은 병원 측 자부담으로 고용한 수어통역사가 두 명이나 된다. 대부분의 병원에는 없는 농인 환자를 위한 배려다. 이윤을 추구하는 병원에서 수어통역사를 채용하기란 재정적으로 부담일 것이다. 그 일을 성모병원은 수년째 해오고 있다.

마주앉은 짧은 시간에도 통역실은 드나드는 농인들로 분주했다. 통역 서비스를 도와가며 후배 통역사와 이야기를 이어갔다.

“선생님, 저 얼마 전에 머리 잘랐어요.”

그제야 자세히 보았다. 긴 머리를 묶고 다니던 그녀는 단발이 되어 있었다. 40대 중반의 용기가 부럽기도 하고 사연이 기특하기도 했다.

"샘, 농인들은 단발머리 통역사가 단정해 보인다고 좋아해요."

나는 진심어린 덕담으로 격려했다.

후배는 지난 3년 동안 기른 머리를 '어.머.나 운동본부'에 기증했다고 했다. 어.머.나. 운동본부는 어린 암환자들을 위한 머리카락 나눔 운동을 하는 사회공헌 단체다. 염색이나 펌한 머리카락은 안 된다고 들었는데 어떻게 기부를 했냐고 물었다. 이제는 규정이 바뀌어서 염색이나 펌을 해도 기부가 가능하다고 그녀는 웃으며 말했다. 즉시 인터넷 검색을 해보았다.

홈페이지 모발 기증 절차 안내에는 "길이 25cm 이상, 말린 상태로 묶어서 발송. 염색, 펌, 새치 가능"이라고 명료하게 적혀 있었다. 나는 여태까지 생머리로 25cm를 길러야 되는 줄만 알았다. 그래서 모발 기부를 감히 생각도 못하고 있었다.

소아암 친구들을 위해서는 염색과, 펌과, 새치가 문제가 아니라 인모(人毛)가 중요하다. 우리나라에는 1,600여 명 소아암 환자가 있으며, 1년에 20여 명씩 암으로 사망한다고 한다. 청소년 암환자들은 한창 사춘기에 항암치료를 위해 삭발을 한다. 암도 암이지만 머리카락이 없다는 게 얼마나 마음이 힘들까. 우울증과 대인기피증으로 사람 만나기를 피하는 친구들에게 무료로 가발을 만들어 보급하는 어머나 운동본부가 커다랗게 다가왔다.

집에 와서 딸들을 붙잡고 25cm만 자르자고 했더니 펌과 염색을 핑계대며 제 방으로 도망갔다. 이제는 펌을 해도, 염색을 해도 기부가 된다고 아무리 꼬여도 넘어오질 않는다. 역시, 기부는 마음이 있어야 가능한 일인가 보다. 옆에서 보다 못한 남편이 자신이 길러 볼까 하는 진심 어린 농을 던진다.

지난해 모친을 잃고 한동안 우울했다. 실로 오랜만에 가슴이 기대감으로 요동쳤다. 모친이 물려주신 건강한 모발 때문에 아직 흰머리는 없는 편이고, 염색도 한 적이 없다. 어.머.나 운동본부에 기증하라는 하늘의 뜻일지도 모른다. 펌만 자제하면 어쩌면 60 전에 평생 처음으로 모발 기부를 할 수도 있겠다 싶었다.

이제부터 시작이다. 오십 중반을 살아오면서 많은 봉사와 후원을 했지만, 모발 기부는 하지 못했다. 흰 머리카락이 스멀스멀 올라올 나이가 되어 다시금 가슴 뛸 수 있는 일이 있다는 게 더없이 행복하고 감사하다.

젊었을 때 도전하지 못한 것을 이제 마음먹었으니 시작해 보리라. 모친은 예순이 넘어서도 흰 머리카락 하나 없었는데 모발은 모친을 닮아 참으로 다행이다. 더 나이 들기 전에 검은 모발에 흰머리가 더 섞이기 전에 실행해 보려 한다. 머리카락은 한 달에 1cm쯤 자란다. 1년이면 12cm, 2년이면 24cm, 적어도 2년 6개월은 길러야 하는 짧고도 긴 여정이다. 다행히 퇴직 전에 끝낼 수 있겠다. 나는 건강한 모발을 위해 치열하게 살아볼 작정이다.

건강한 모발을 위해 밀가루 음식을 자제하고 단백질 위주의 식사를 챙겨 먹으리라. 소아암 친구들을 위해 정한 마음이나 내 건강도 덩달아 좋아질 것이다. 내 생애 오늘이 가장 건강한 날이다. 건강한 날에 자란 건강한 모발로 어린 친구들에게 조금이나마 사랑을 나누는 괜찮은 어른이 되고 싶다.

한결 가벼워진 머리카락을 휘날리며 부산역으로 향한다. 마음속에는 이미 머리카락이 1cm쯤 자란 것 같다. 사흘간의 짧은 휴가 중 하루가 지나간다.

꿈 나누는 복지사

누군가의 삶에 작지만 따뜻한

디딤돌이 되기를 소망해본다.

사회복지공무원으로 일하면서 복지현장에서 다양한 계층의 사람들을 많이 만났다. 주름진 얼굴만큼이나, 굽어진 손가락만큼이나 그들의 삶 속에는 책 한 권쯤 족히 나올 법한 사연들이 숨겨져 있었다.

자식의 반대로 혼인신고는 못했지만 사랑으로 재결합한 장애인 부부는 서로를 의지하며 하루하루 살아간다. 손주 키우느라 고생만 하다가 이제는 병들어 혼자 살게 된 할머니는 자식 원망이 아니라 자녀들 공부를 많이 못 시켜 미안하다며 자신을 탓하기도 한다.

심한 우울증으로 자신과 싸우면서도 아이를 위해서 열심히 살아보려는 어머니의 모정은 눈물겹다 못해 짠하기까지 하다. 평생을 고아로 외롭게 살아가던 일용직 노동자는 돈을 많이 벌어 가정을 꾸리고 아들딸 낳고 사는 게 평생의 소원이다.

속사정이야 다르겠지만 살아보려고 애쓰는 이들의 삶에 빈곤이라는 무거운 돌덩이가 사람들을 더욱 고단하게 만든다. 쉽게 포기하는 사람을 보며, 힘들어도 버텨보려고 노력하는 우리 이웃들의 단단한 모습을 통해 다시금 삶의 참모습을 본다.

영철 씨는 아주 어렸을 때 부모님이 돌아가셨다고 한다. 누나와 형님 손에 자란 영철 씨는 가난이 싫어서 무턱대고 가출을 했고, 가출 이후 형제들과도 자연스레 소식이 끊어졌다. 길거리를 전전하다 결국 배를 타게 되지만, 거친 뱃사람들과의 선상생활은 만만치가 않았다. 선원들과 싸우다 선상폭력에 휘말려 교도소에 두어 차례 들어가게 되었고, 고혈압과 음주 문제로 결국 배에서 내렸다. 영철 씨는 육지생활과 육지 사람들에게도 적응하지 못해 술에 의존했다. 술독에 빠져 지내던 그는 알코올중독 증상을 겪게 되고, 증상이 심해질수록 우울증과 대인기피증도 깊어만 갔다.

어느 날, 생을 마감하겠다고 결심한 영철 씨는 자살예방센터에 전화를 한다. 죽겠다고 엄포를 놓던 그가 사실은 정말 살고 싶다고 누군가에게 외치고 절규하는 요청이었다. 129 자살예방센터의 설득과 동행정복지센터의 도움으로 영철 씨는 알코올 전문병원에 입원하게 되었다. 낯선 폐쇄병동의 생활이 무섭고 힘들었지만 처음으로 자신에게 관심 가져 주는 사람들이 곁에 있어 열심히 재활프로그램에 참여하고 있다. 기초생활수급자로 책정된 영철 씨는 주거 안정을 위해 생활비도 아껴 쓰고 저축하고 있다고 했다. 그런 영철 씨가 병원에서 전화를 했다. 자신은 병원에서 치료 잘 받고 있으나 아직은 사회 적응에 자신이 없어 퇴원을 못하고 있다고, 외출이라도 해서 복지사인 나를 만나고 싶지만 나가면 다시 술을 마실까봐 참고 있노라고, 완치되면 꼭 찾아뵙겠노라고, 감사하다는 진심어린 인사에 마음이 일렁인다.

영순 할머니는 눈물이 많다. 십여 년 전 먼저 떠난 할아버지 생각에, 가난하게 살아가는 자식들 생각에 매일매일 눈물이 난다고 했다. 몸이라도 따라주면 폐지라도 주워 생활비에 보탤 텐데, 고관절 수술로 보행마저 자유롭지 못해 더욱 우울한 생각이 든다고 했다. 낡은 주택의 화장실은 재래식이라 불편한 몸으로 화장실 다니기가 여간 불편치 않다. 영순 할머니는 화장실을 청소할 때면 화장실 벽면에 세워둔 염산에 자꾸만 눈길이 갔다. 잠시잠깐 죽음의 유혹도 느꼈다. 자식들에게 짐이 되느니 차라리 죽는 게 낫지 않을까 하는 절망도 들었다고 한다. 죽을 용기면 무엇이든 못하랴 싶어 동행정복지센터를 찾았다고 했다.

할머니에게 동행정복지센터는 마지막 희망보따리였다. 고령과 질병, 생활고를 겪는 저소득 자녀들로 인해 할머니는 기초생활수급자가 되었다. 이제는 먹고살 걱정은 하지 않아도 된다. 매달 생활비가 정부에서 나오고, 정부양곡이라는 것도 싼 가격에 살 수 있게 되었다. 정기적으로 먹을 쌀이 배달되어 온다. 얼마 전에는 구청에서 화장실도 깨끗한 수세식으로 수리해주었다. 이제는 불편한 이동식 변기를 방안에서 사용하지 않아도 된다. 이제는 병원비 걱정 없이 치료도 받을 수 있으니 지금처럼만 살 수 있으면 여한이 없겠다고 말하는 할머니의 주름진 얼굴에 미소 꽃이 함박 피어난다.

소영 씨는 이혼한 전남편의 폭력으로 복부에 상해를 당해 대수술을 받았다. 폭력의 공포는 생각보다 큰 후유증을 남겼다. 그녀의 몸뿐 아니라 마음까지 병들게 했다. 전남편이 교도소를 출소하여 불쑥 자신을 찾아오지나 않을까 늘 불안감에 시달렸다. 밤마다 전남편이 문을 여는 악몽에 놀라 소스라치게 깨곤 한다. 잠잘 때마다 문단속을 몇 번씩이나 하는 것도, 밝은 대낮에도 문을 잠그는 일도 두려움 때문이다.

세상에 믿을 사람이 아무도 없는 것 같은 상실감이 밀려왔다. 그런 그녀를 아침마다 눈 뜨게 하는 사람이 있다. 지적장애를 가진 그녀의 아들이다. 아이는 해맑은 얼굴로 엄마를 흔들어 깨운다.

"엄마, 엄마, 배고파. 밥 줘."

소영 씨는 힘든 몸을 일으켜서 아이에게 밥을 먹이고 옷을 입히고 학교에 보낸다. 아들은 현재 일반 초등학교에서 통합교육을 받고 있다. 특수교사도, 학교 친구도, 동행정복지센터도 아들의 양육과 교육을 위해 도와주고 있다. 나날이 커가는 아들을 보며 소영 씨는 약해지는 마음을 다잡아 본다. 남편으로부터, 세상으로부터, 아이를 든든히 지키는 엄마가 되고 싶다는 그녀. 약한 여자지만 지켜야 할 아이가 있어 강한 엄마다.

오늘도 동행정복지센터에는 사연 많은 사람들로 줄을 선다. 굳은살 박인 사람들의 이야기를 마음으로 들으며, 누군가의 삶에 작지만 따뜻한 디딤돌이 되기를 기도한다.

나는 사람들과 꿈 나누는 사회복지사다.

| 작품 해설 |

서술의 미학, 베풂과 나눔의 사회복지사 이야기

박양근(문학평론가, 부경대 명예교수)

사람은 누구나 자신의 삶에 대한 사연을 가지고 있다. 그 사연은 내면의 잠겨 있는 감정과 기억을 외면화한 행동으로 이루어진다. 글을 쓰는 사람들은 이것을 미학적으로 드러낸 창조라고 부른다. 그래서 작가를 삶과 기억과 행동을 표현하여 아름다움을 추구하는 사람이라고 부른다.

문학은 장르를 불문하고 자신이 누구인가를 말하고 싶어 하는 사람을 위해 존재한다. 작가는 기쁘고 슬프고 아름답고

추한 갖가지 경험을 절절하고 진실하게 풀어낸다. 아무리 아름다운 문장이라도 진실하지 않으면 문학적 생명을 지니고 있다고 말할 수 없다. 릴케는 《젊은 시인에게 보내는 편지》에서 조용한 시간에 "나는 글을 꼭 써야 하는가."라고 자신에게 물어보라 하였다. 글의 원천이 어디에 있는가를 묻는 릴케의 말은 글은 문학성 못지않게 필연성을 지녀야 함을 의미한다.

조영주. 그녀는 수어통역사이면서 복지 행정을 책임진 사회복지공무원이다. 그녀를 찾아오는 대부분의 사람은 도움이 필요한 민원인이다. 아무리 업무 정신이 투철할지라도 사람인지라 때로는 지치고 화가 날 때가 있겠지만 그녀는 언제나 '꿈 나누는 복지사'라고 자신을 다독이고 "복지가 행복하여야 민원인도 행복하다."는 나름의 직업관을 지켜 나간다. 그 점에서 조영주는 누구보다 "나는 글을 써야 한다."는 절실한 욕망을 지니고 있다. 평자는 그녀의 글을 읽을 때마다 어쩌면 저토록 본분에 충실한 공무원이 있을까. 어쩌면 민원인에게 가족처럼 정성을 기울일 수 있을까. 어쩌면 저토록 맑고 깊게 생각하고 글을 쓸 수 있을까. 그럴 때마다 평자는 "따스한 손을 내밀고 기댈 어깨를 내어 주려 한다."는 '시작하는 말'에 담긴 배려의 힘을 떠올린다.

《굳은살》은 조영주 작가가 20여 년이 넘도록 사회복지 현장을 누비면서 차곡차곡 모아둔 실록 같은 모둠집이다. 민원인들의 눈물겨운 실화를 시처럼 순수하게, 소설처럼 곡진하게 풀어내어 그녀의 수필은 감동적인 휴먼 드라마가 되었다. 수많은 복지 민원인과 한 명의 사회복지공무원이 엮어낸 사람 사는 이야기, 이러한 인간애로 단단하게 굳은 수필집이 《굳은살》이다. 현장을 다니느라 발과 손에 '굳은살'이 생겼지만, 가슴에 고인 이야기를 눈물과 웃음으로 직조하여 그지없이 부드러운 글 송이가 되었다.

작가는 자아를 복지 공무원은 누구여야 하는가라는 문제로 풀어낸다. 손발에 물집이 생길 정도로 현장을 뛰는 촛불과 소금 같은 사람이 곳곳에 있다는 것만으로 행복감에 젖는다. 그래서 조영주의 첫 수필집 《굳은살》이 배려와 소명으로 짜인 우리 모두의 이야기라는 점에서 남다른 공감의 광채를 던지고 있다.

1. 스스로 만들어가는 이름씨

《굳은살》은 "나, 너, 우리, 내일"이라는 4부로 구성되어 있다. 제1부는 '나를 봅니다'라는 소제목으로 작가 자신의 성장과 성년의 과정을 펼쳐낸다. 세상에 태어나 처음으로 주어지는 것이 이름이다. 이름을 가짐으로써 가족과 사회의 일원으로 대접받고 인간관계와 사회성을 형성해나간다. 세상에서 얻는 모든 지식과 경험도 '나는 누구인가'라는 자문자답에서 시작한다. 조영주는 수어통역사이고 사회복지공무원이 되었다. 어찌하여 수어봉사자와 복지를 담당하는 공무원이 되려 하였을까. 〈나를 봅니다〉라는 이야기를 읽으면 그녀뿐만 아니라 우리가 모두 누구인가도 쉽게 알게 된다.

조영주를 인식시켜 주는 두 실체는 '이름'과 '굳은살'이다, 이름이 가족관계를 알려주고 자아의식을 파악하도록 해준다면 굳은살은 신체 일부로서 삶과 직장 일을 상징하는 몸말이다.

조영주(趙瑛珠). 이것은 태중에서 정해진 그녀의 이름이다. 아들이든 딸이든 상관없이 아버지가 미리 지어 둔 이름이다.

여기에는 평범하지만 예사롭지 않은 운명이 깔려 있다. 이름은 딸, 아들이라는 구분을 초월함으로써 스스로 제 이름의 가치를 세워나가야 한다는 의지와 실천이 필요하다. 작명에 대한 그녀의 긍지는 아래의 일화에서 엿볼 수 있다.

> 고등학교 때에 한문으로 학생들의 이름을 부르기를 좋아하던 선생님이 계셨다. 고전문학 시간에 뜬금없이 학생들 이름 한자(漢字)를 물어보던 선생님은 광채 영(瑛)에 구슬 주(珠)라고 답하는 내게 구슬이 무슨 빛을 내냐며 60명이 넘는 친구들 앞에서 놀렸다. 나는 즉시 대답했다. 구슬이 아니라 여의주라고. 교실은 한바탕 웃음바다가 되었고 선생님은 웃으며 뿌루퉁한 내게 건성으로 사과했다. 그 후로 내 별명은 '여의주'가 되었다.
>
> — 〈나의 이름〉 중 일부

"호랑이는 죽어서 가죽을 남기고 사람은 죽어서 이름을 남긴다."는 말이 있다. 사람은 사후에 이름으로 인격과 존재성이 기억된다는 의미로써 이름은 태어나면서 주어지지만, 그 경중은 개인의 능력과 노력으로 정해진다는 함의를 담고 있다. 조영주도 "빛나는 그 이름을 지키기 위해 오늘도 치열하게 살고 있다."는 각오를 품고 포털사이트에 '조영주'가 수없이 있더라도 자신의 분야에서는 '여의주'라는 별명답게 이름의 명예를 지키려 한다.

살다 간 흔적이 아름다워야 사후에 그리워지는 법이다. 작가라면 더욱 인간적인 모습을 갖추어야 한다. 인간으로서 갖가지 감정을 진실하게 받아들이는 게 필요하다. 작가로서 글을 쓰고 복지 분야의 일을 하려면 더더욱 물처럼 공기처럼 자연스럽게 느끼는 게 필요하다.

인간이 추구하는 행복은 거창한 게 아니다. 행복은 슬픈 것을 보면 눈물을 흘리고 기쁜 것과 아름다운 것에 웃는 일상의 풍요로움에 자리한다. 작가가 글을 쓰는 것도 독자를 행복하게 해주기 위해서다. 복지도 마찬가지다. 조영주가 농인을 위하여 수어를 배우고 빈한한 사람을 위해 헌신하는 것도 그들이 행복하지 못함을 잘 알고 있기 때문이다.

조영주의 하루하루를 지켜보면 참으로 인간적이라는 사실

을 새삼 깨닫는다. 자신의 가족을 챙기는 것도, 어머니와 아내라는 신분도 고스란히 복지사의 자격이 된다. “뭐든 간에 한 번쯤은 기깔 나고 싶”어 하는 기분도 솔직하게 표현한다. 《수필과비평》에서 신인상을 받아 남편이 축하선물로 차를 바꿔 주겠다고 말했을 때 때깔 나는 신차이기를 은근히 기대한다. 가까운 직원이 세상을 떠났을 때는 가족을 잃은 것처럼 마음이 아프다. 셋째 딸이 한동안 정상적으로 성장하지 못했을 때는 신에게 간곡하게 기도를 한다. 트로트를 좋아하는 작가는 아버지가 세상을 떠났을 때 막걸리 심부름을 했던 노란 주전자를 떠올린다. 무엇보다 육체노동에 지쳐가는 남자들의 애환을 이해한다. 이처럼 그녀는 먼저 사람다워야 남을 진심으로 도울 수 있다고 믿고 있다. 우리는 사회인으로서 조영주를 알기에 앞서 개인으로서 그녀의 일상을 본 그것만으로도 커다란 기쁨을 얻는다.

결혼을 하고 아이를 낳고 엄마가 되었다. 초보 엄마인 나는 베테랑 엄마에게 이것저것 묻고 의지하면서 딸 셋을 키워냈다. 아이들은 건강하게 자라 대학생이 되었다. 나는 어느새 쉰 살이 넘었고 노모는 팔순을 거뜬히 넘겼다. 중년의 엄마인 나는 암과 투병하는 노모를 간병하고 있다. 이제 또 다른 시간이 더해지면 내 아이들도 엄마가 될 것이고, 지금의 나처럼 고령의 엄마를, 혹은 아픈 엄마를 지켜보게 될 것이다.

– 〈엄마가 되었더니〉 일부

조영주는 다른 여성과 별 차이가 없다. 살림의 달인이 되었고 딸 셋을 무탈하게 키웠다. 외며느리로서 명절 때가 되면 직장 일과 명절 음식 준비로 눈코 뜰 새가 없다. 재래시장 장보기가 버거워 "검정 봉다리 50개"를 구입하여 마트에서 식품을 사지 않은 척 눈가림을 할 줄도 안다. 아들을 두지 못한 서러움을 굳이 숨기지 않고 하나님의 은혜로 키우자는 남편의 멋지고 듬직한 모습을 잊지 못한다. 벚꽃 향기 가득한 사월이면 꽃 향을 찾아 친구들과 떠나고 싶은 감성의 여인이기도 하다. 무엇보다 우리는 모두 아프고 도움이 필요하다는 사실을 함께 깨달아 안도감을 느낀다.

사람은 누구든 '무엇이 되었더니….' 하는 계기를 거치면서 성장해 간다. 대학생이 되었더니, 신랑 신부가 되었더니, 아기 엄마가 되었더니, 말단 공무원이 되었더니…. 끝없이 이어지는 신원의 변화가 성장의 나이테가 된다. 다만 사람의 연륜은 무엇을 이루어 내었느냐보다는 조금 더 여유 있게 물러서고 기다리는 인성에 있음을 아는 것이다.

> 어른이 되었다. 굳은살이 겉살에만 생기는 줄 알았는데 마음에도 박이기 시작했다. 멋모르고 뛰어든 사회생활에, 서툰 결혼생활과 시집살이에 가슴이 무너지고 찢어지는 상처 길이 생겨났다. 생채기 난 가장자리가 굳어졌다. 생살을 덮는 굳은살이 삶의 진통이고 고통임을 조금씩 알게 되었다. 어느덧 가슴속에도 굳은살이 제 살마냥 떡하니 자리 잡아 버렸다.
>
> — 〈굳은살〉 일부

나이란 삶의 시간에 박인 굳은살이다. 자신의 아픔에 앞서 다른 사람의 슬픔과 고통을 다독여주는 배려의 증표다. 어려운 일 앞에서 동요하지 않고 궂은일을 담담하게 처리해 나가는 심지도 굳은살이다. 그래서 밝은 표정과 맑은 눈빛으로 희망의 빛을 던지는 작가를 보면 수화언어를 전달하고 복지 부분에서 최선을 다하는 직분이 어린 시절부터 자연스럽게 형성된 천성이라는 사실에 공감하게 된다. 그러므로 세상의 소금과 빈자의 등불 같은 이야기를 듣는다는 사실이 기쁠 수밖에 없다.

2. 꿈 나누는 복지사

'여의주' 조영주에게는 사회복지 공무원이라는 신분이 있다. 그녀에게 이 직책은 단순한 직장이 아니라 자신의 꿈을 구현하는 곳인 만큼 남다른 정성으로 다양한 사람들에게 봉사한다. "꿈 나누는 복지사"로서 "누군가의 삶에 작지만 따뜻한 디딤돌이 되기"를 소망하면서 "사람 때문에 울고 웃는 천생 사회복지사"를 자처한다. "넘쳐나는 오지랖 덕분에 하루 종일 손목과 어깨가 뻐근했다"고 투정하는 인간미도 곁들인다. 그러면서 "사랑의 징검다리가 생명 다리"라고 확신하면서 온종일 전화를 받고 상담하고 골목길을 찾는다.

그녀를 찾아오는 사람들은 힘들고 무거운 인생의 돌덩이를 짐 지고 있다. 누구든 소설 한 권쯤의 사연을 갖고 있다. 하지만 복지담당자를 찾아오는 그들이야말로 형언하기 어려운 사연과 서사를 간직하고 있다. 그녀의 업무도 생사의 갈림길에서 도움을 요청하는 사람을 맞이하는 일이다. 사회적으로 약자이고 저소득층이 복지의 사각지대에 놓이면 경쟁이 치열한 자본주의 사회에서 소홀히 여겨지기 쉽다. 결핍과 아픔에는 섬세한 배려가 필요하므로 그녀는 그들을 가장 소중한 손님과 고객으로 여긴다. 독실한 신앙심을 바탕으로 한 그녀를 지켜보고 있으면 사회복지사들이 누구이고 무슨 일을 하는가를 새삼 인식하게 된다.

수어봉사자와 복지담당자로서 그녀는 이렇게 말한다. "나는 매일 사람을 만나고 그들의 말을 듣고 그들의 삶을 본다." "오늘도 나는 사연 많은 업무 수첩을 들여다보며 길을 나선다." "행복 지킴이들이 넘쳐나는 따뜻한 세상을 꿈꾸어 본다."

그녀가 하는 말을 연결해 보면 모든 사람이 평등하다는 인문주의적 박애정신이 떠오른다.

> 속사정이야 다르겠지만 살아보려고 애쓰는 이들의 삶에 빈곤이라는 무거운 돌덩이가 사람들을 더욱 고단하게 만든다. 쉽게 포기하는 사람을 보며 힘들어도 버텨보려고 노력하는 우리 이웃들의 단단한 모습을 통해 다시금 삶의 참모습을 본다.
>
> — 〈꿈 나누는 복지사〉 일부

박애심과 복지 정신을 희생적으로 발휘하는 최초의 복지사는 누구일까. 갓난아기를 잉태하고 키우는 어머니다. 어머니는 갓난아기가 안전하고 행복하게 자랄 때까지 밤낮 최선을 다하여 돌본다. 연약하고 구석구석 도움이 필요한 아이에게 희생과 자애를 아낌없이 베푸는 어머니와 사회적 약자를 돌보는 복지사 사이에는 조금의 차이도 없다. 누구든 나이가 들면 사회복지사의 손과 무릎에 기대어 잔명을 보낸다는 점에서 사회복지사는 우리가 맞이하는 두 번째 어머니다. 어려서는 어머니라는 복지사를, 늙어서는 복지사라는 어머니가 필요하듯 복지 공무원은 어머니의 역할을 겸한다. 그래서 사회복지사는 "눈으로 보아도 귀로 들어도 왜곡되지 않는 바른 시선"을 가져야 한다고 믿는다.

조영주가 복지 현장에서 만나는 다양한 계층은 신체적·정신적·경제적으로 약자다. 그들은 나름의 속사정이 있고 억울한 이유를 표현하는 방식도 모두 다르다. 때로는 무리한 떼를 쓰기도 하지만 그것은 살고 싶다는 몸부림일 따름이다.

〈꿈 나누는 복지사〉는 그녀가 만나는 사람들을 대변한다. '영철이는 부모가 돌아가신 후 형제들과의 소식이 끊기고 가출하여 막노동하다가 알코올에 중독된다. 마지막에는 극단적인 생각까지 한다. 영순 할머니는 할아버지를 먼저 떠나보내고 낡은 주택에 살며 폐지라도 주우려 하지만 쇠잔하면서 그냥 죽고 싶어 한다. 전남편의 폭력으로 수술까지 받았던 소영씨는 지적 장애가 있는 아이를 혼자 키우면서 출소한 남편이 돌아올까 전전긍긍한다.' 이들은 지닌 공통점은 본인의 의사와 달리 끝없는 나락으로 빠져든다는 것이다. 도움이 없으므로 제도화된 행정복지가 마지막 징검다리일 수밖에 없다. 그런데 놀라운 점은 적절한 도움이 주어진다면 누구에 못지않게 감사하고 일어설 수 있다는 사실이다.

별 탈 없이 살아가는 사람에게도 어느 순간 절망이 침입한다. 희망을 찾아 주변을 돌아보았을 때 따뜻한 손길이 없다면 그 역시 절망하게 된다. 누구나 복지라는 햇빛이 필요하지만 그것이 어느 때일지 불확실할 따름이다.

> 오늘도 동행정복지센터에는 사연 많은 사람들로 줄을 선다. 굳은살 박인 사람들의 이야기를 마음으로 들으며, 누군가의 삶에 작지만 따뜻한 디딤돌이 되기를 기도한다. 나는 사람들과 꿈 나누는 사회복지사다.
>
> – 〈꿈 나누는 복지사〉 일부

사회복지 공무원으로서 작가의 경험을 담은 《굳은살》이 지닌 힘은 감화력과 전파력이다. 복지를 베푸는 사람이든 받는 사람이든 복지 정신을 공유하자는 것이 이 책의 취지다. 그러므로 조영주의 수필은 기록성과 현장성에서 남다르다. 복지라는 사회적 이슈에 배려심을 담았기 때문에 일반 수필과 달리 탄탄한 필력과 따뜻하고 진심 어린 온기를 전할 수 있다. 삶의 향기가 마음의 글 꽃을 더없이 짙게 한다. 조영주가 전하는 수필이 인간 교실을 만들어가는 이유다.

3. 행복 지킴이와 천사들

조영주는 "오늘도 누구에겐가 전화하고 누군가를 만난다." 그녀의 일상은 변함이 없을 정도로 비가 오든 어둠이 깔리든 좁고 가파른 달동네 골목을 오르내린다. '누군가'는 복지사를 찾아오는 사람이 아니라 조영주가 직접 찾아가는 사람들이다. "나는 복지담당자가 바뀌었다는 인사를 겸해 생활 실태를 파악하기 위해 근무지를 옮길 때마다 기초생활수급자 가정을 방문한다."고 말하듯이 그녀가 먼저 방문하고 다가간다.

인간의 삶은 만남과 헤어짐의 연속이다. 대부분의 사람은 자신에게 도움을 주고 이익이 되는 사람을 바라지만 조영주는 자신을 원하는 사람을 만난다. 보통 사람이라면 일부러 피하려 하겠지만 그녀가 그들의 신분을 가리지 않는 것은 근무규정 때문이 아니라 천성적인 성품이 그렇게 하도록 한다.

〈굳은살〉에 등장하는 사람은 오직 두 사람뿐이다. 사회복지사인 조영주와 그녀를 둘러싼 복지사각지대 수급자들이다. 복지 대상자들은 무엇인가 불편한 경우가 대부분이다. 소리를 잃은 농인은 그나마 다행일 정도로 원하지 않는 불행을 감수해야 한다. 장애아들을 수발하는 팔순 노모가 있는가 하면, 누워서만 세상을 봐야 하는 젊은 장애 청년이 있다. 음주와 가정 폭력에 시달리는 아이와 힘없는 여자가 소개되고, 저장강박증으로 쓰레기더미 사이에서 밥을 먹는 장애 학생이 눈에 띈다. 손자와 손녀를 돌봐야 하는 고령의 외조모가 반지하 방에서 살고, 자식을 낳지 못하여 쫓겨난 딸을 돌봐야 하는 할머니가 보이는가 하면, 꼬불꼬불 산동네에서 홀로 딸을 키우는 젊은 아빠가 있다. 노숙을 밥 먹듯 하는 일용 노동자와 고아로 자라나 남자의 희생이 된 아가씨도 있다. 조영주의 수필을 한 편 한 편 읽어 가노라면 세상은 왜 이토록 불공

정하고 삶이 벅찬가에 탄식하게 된다. 하지만 그들은 엄연히 우리 인근에서 살고 있다. 그게 아니라 그들이야말로 삶이 무엇인가를 몸으로 알려주는 사람들이다.

어떤 장애인이 물었다. "선생님, 장애인들은 불편한 몸을 가지고도 살아가는데, 몸이 건강한 사람들이 왜 자꾸 자살을 해요?" 나는 대답한다. "어떤 사람은 몸이 불편해도 마음이 건강하기도 하구요, 또 어떤 사람은 몸이 건강해도 마음이 아프기도 한답니다."

살고 싶은데도 살 수 없는 인생과 살 수 있음에도 삶을 포기하는 사람들을 보며 깊은 고민에 휩싸인다. 가만히 있어도 죽음으로 향하는 우리의 삶이기에 나는 오히려 하루하루를 열심히 살고 싶어졌다.

– 〈무명〉 일부

장애인일지라도 그들은 비장애인 이상으로 가족을 사랑하고 주변 사람을 배려하려고 노력한다. 건강한 이웃이 되려고 노력한다. 조영주는 그들에 감화되어 농인들은 "예쁜 귀"를 가지고 있다고 믿고 농인처럼 행동하기도 한다. 〈나는 보리〉는 농인 가족의 가족애를 비춘 영화이지만 장애인들이 당면한 현실을 새삼 환기해 준다. 뇌병변장애로 37세에 세상을 떠난 〈석이〉의 삶과 죽음은 안일했던 우리들의 무관심을 매서운 찬바람처럼 채찍질한다. 작가가 사랑의 캠프라는 봉사 모임에서 석이를 만난 후의 일을 적은 이 수필은 "세상을 제 발로 걸어 보는 것"이 꿈이라는 석이의 애환을 다룬다. 그는 겹겹의 불행을 지닌 아이다. 유부남에게 속아 살았던 어머니와 남편의 폭력으로 이혼한 누나, 신체 나이 70대의 조로한 몸, 아무도 돌보아주지 않는 아이 같은 어른의 죽음이 아픈 이유는 "누구보다도 성실하게 삶의 의무를 다했던 아이"였고 "사회복지를 공부해 다른 장애인에게 도움이 되고 싶다."던 꿈이 좌절당했기 때문이다.

조영주는 복지사라면 희망을 잃지 말아야 한다고 다독인다. 복지와 교육만큼 장시간에 걸친 지원을 해야 하는 분야가 없다. 그래서 지원 덕분에 행복을 이루어가는 사람과 가족을 보면 더없이 기쁘다. 〈행복을 굽는 아이〉는 작가가 드림지기가 되어 보살펴 준 농아동이 당당한 자아를 갖추어가는 성공담이다. 농아동인 은혜는 아동복지 맞춤형 통합서비스를 받고 수어 교육과 수어 노래를 배워 무대에서 공연도 한다.

> "저.는. 파.티.셰.가. 되.고. 싶.은. 꿈.이. 있.습.니.다. 파.티.셰.가. 되.어.서. 사.람.들.에.게. 행.복.한. 빵.을. 나.눠.주.고. 싶.습.니.다."
>
> – 〈행복을 굽는 아이〉 일부

은혜는 제빵 관련 전문계 고교로 진학하여 푸드 회사에서 제빵기사로 일하는 성공을 거둔다. 은혜는 사람이 살아가는 모습이 제각각이므로 다수 집단과 다르다는 이유로 차별받지 않아야 한다는 점을 알려주는 나침판 역할을 한다. 나아가 아동의 미래를 결정하는 것은 물질보다는 지속적인 교육임을 알려주는 나팔수이기도 하다. 은혜뿐만 아니라 도움을 받던 장애인 부부는 행정복지센터에 자신들이 키우던 선인장을 선물로 올려놓고 매년 안부를 묻는 전화를 준다. 그 점에서 그들은 "평범한 하루하루를 기특하게 살아내"는 소중한 본보기들이다.

젊은 청년과 여자들도 복지의 대상이 되는 이야기도 빠뜨리지 않는다. 어떤 의미에서 어린이나 노약자보다 그들이 복지가 더 필요하다. 가족이 있으므로 집과 일자리가 있어야 하고 사회에 봉사할 기회도 주어져야 한다. 〈아빠의 눈물〉은 "상담 기록지를 꽉 채운 사연은 무겁지만 내 마음은 가볍기만 하다."는 결미가 말하듯이 본인의 노력과 희망이 어울린 글이다. 소개되는 남자는 화물차 장거리 운전을 하느라 장애아이를 돌보지 못하였고 아내는 우울증에 걸려 이혼을 한다. 그는 장애아를 홀로 키우기에는 우리 사회가 너무나 힘들다고 좌절할 뻔했지만 멋진 아빠와 멋진 사회복지사가 되는 꿈을 잃지 않는다. 이 수필은 물질적 혜택에 못지않게 정신적 응원이 얼마나 중요한가를 일러준다.

조영주는 요즈음 더욱 분주하다. 나날이 늘어가는 복지 민원에, 선거업무에, 코로나 방역에, 재난지원금 접수까지 지원하고 있다. 때로는 피곤하지만 도움을 받았던 사람들이 안부를 물어주어 힘을 얻는다. 그녀가 그들에게 희망을 주고 그들이 그녀에게 위로를 주는 사회가 진정 복지 세상이라고나 할까.

나의 긴긴밤은 아직도 진행행이다. 지칠 때마다 기댈 수 있는 사람이 옆에 있음에 감사한다. 남은 생도 고비마다 우여곡절이 많겠지만 내겐 여전히 긴긴밤을 함께해 줄 멋진 사람들이 있다. 필요한 곳에서 서로의 어깨를 기꺼이 내어주며 '우리'라는 이름으로 함께 늙어가고 싶다.

– 〈길고 긴 밤〉 일부

어깨를 내어준다는 것은 "함께"한다는 의미가 있다. 두 어깨와 두 손과 두 발은 사랑, 공경, 이해, 믿음을 뜻하는 몸말이다. 나눔과 베풂을 주제로 삼은 〈녹슨 빨래집게〉는 복지 정신을 마무리하는 역할을 한다. 복순 할머니가 준 빨래집게를 소중히 간직하는 이유가 그 점을 설명해 준다. 녹이 슨다는 것은 시간이 지나간다는 뜻으로 사람의 머리칼도 욕실 손잡이도 녹슬기 마련이다. 그중에서 작가가 안타까워하는 일은 희망·꿈·소망이 녹슬고 시들어 그만 스스로 손을 놓아버리는 것이다. 그러므로 복지담당자로서 조영주는 그들의 꿈과 용기와 희망이 녹슬지 않도록 도와준다. 이것이 그녀가 살아가는 이유이기도 하다.

덧붙여

수필은 작가의 삶을 반영하는 거울이다. 거울의 표면이 명징할수록 작품에 비친 작가의 성품도 뚜렷해진다. 수필의 진실성은 글 쓴 자와 글과의 일체성에 있으므로 화려한 문장이 되려 글의 진정성을 손상하는 경우가 적지 않다. 조영주에게 수필은 사회복지에 대하여 말하는 심미적 공간이므로 펼쳐지는 사례는 작가의 설명이 아니라 숱한 사람들의 증언으로 이루어진다. 나아가 조영주의 초상도 그들에 의하여 "사람 때문에 울고 웃는 천생 사회복지사"가 된다.

《굳은살》은 나와 너와 우리와 꿈이라는 중심어 사이에 자리한다. 서술자는 복지라는 직분에 충실하고 등장 사람들은 인간으로서 도리를 지켜낸다. 무엇보다 이 수필집이 지닌 장점인 독자 수용력은 감동과 공감을 극대화하여 복지의 필요성에 대한 공감대를 넓혀준다.

조영주의 《굳은살》은 복지 일선을 책임진 공무원의 경험담이므로 동료에게는 실무적 도움을 줄 것이다. 일반 독자들은 주변 사람에 대한 애정과 관심을 키워가는 기회를 얻는다. 나아가 문학은 감동을 통해 행동하도록 일깨워준다는 점에서 조영주는 인격적 아우라와 문학적 감수성을 함께 지닌 작가임을 밝혀 준다. 조영주 작가의 분투에 아낌없는 박수를 보내고 싶다.

조영주 수필집

굳은살

초판 1쇄 발행 2022년 10월 31일
초판 2쇄 발행 2022년 12월 15일

지은이 조영주
발행인 서정환
펴낸곳 수필과비평사
주 소 서울시 종로구 삼일대로 32길 36(운현신화타워) 305호
전 화 (02) 3675-3885, (063) 275-4000
팩 스 (063) 274-3131
이메일 essay321@hanmail.net
출판등록 제300-2013-133호
인쇄 · 제본 신아출판사

ISBN 979-11-5933-433-7 (03810)
값 13,000 원

Printed in KOREA